教学智慧200则

高宏群　著

中原出版传媒集团
中原传媒股份公司

大象出版社
·郑州·

图书在版编目(CIP)数据

教学智慧 200 则 / 高宏群著.— 郑州 ：大象出版社，
2019. 12
ISBN 978-7-5711-0420-7

Ⅰ. ①教… Ⅱ. ①高… Ⅲ. ①中小学-教学研究-文
集 Ⅳ. ①G632. 0-53

中国版本图书馆 CIP 数据核字(2019)第 272502 号

教学智慧 200 则

JIAOXUE ZHIHUI 200 ZE

高宏群 著

出版人 王刘纯
责任编辑 戴 慧
责任校对 李婧慧
装帧设计 王莉娟

出版发行 大象出版社(郑州市郑东新区祥盛街 27 号 邮政编码 450016)
发行科 0371-63863551 总编室 0371-65597936
网 址 www.daxiang.cn
印 刷 河南文华印务有限公司
经 销 各地新华书店经销
开 本 720 mm×1020 mm 1/16
印 张 12
字 数 200 千字
版 次 2019 年 12 月第 1 版 2019 年 12 月第 1 次印刷
定 价 29.00 元
若发现印、装质量问题，影响阅读，请与承印厂联系调换。
印厂地址 新乡市获嘉县亢村镇工业园
邮政编码 453800 电话 0373-5969992 5961789

序

课堂是一个舞台，这个舞台之所以精彩，是因为这里有变化的灵动，有生成的高效，更有绽放的精彩。教学智慧就是这个特殊舞台上最重要的音符。

教学智慧不是一个抽象的概念，它自始至终贯穿于课堂教学的每个环节。精美绝伦的教学设计是教学智慧，精彩纷呈的教学过程是教学智慧，精准高效的课堂检测是教学智慧，精益求精的课堂小结也是教学智慧。这些教学智慧，会给教师的教学带来享受和乐趣，更能叩开学生智慧之门，让学生的思维扬起风帆，提升学生学习的幸福感。

教学智慧源于一种爱，是教师对三尺讲台和莘莘学子的爱；教学智慧源于一种执着，是教师对教育事业终身热爱的执着；教学智慧源于一种感悟，是教师对教育事业的一种内心感悟；教学智慧源于一种追求，是教师对教育事业的一种美好追求。教学智慧为学生开启一扇窗，激发学生的思维；为学生铺就一条路，教会学生解决问题的方法；为学生搭建一个平台，使学生感悟学习知识的奇妙。

课堂是一个精彩而又值得期待的场所，课堂教学是一曲动听的旋律，每个音符的跳动都会使整个乐章波澜壮阔；课堂是一望无垠的大海，每一朵浪花的涌动都会引起大海的汹涌澎湃；课堂更是广阔蔚蓝的天空，每一片云彩的变幻都会造就天空的千姿百态。教学智慧体现在课堂的细节里，从课堂的导入到课程的探索，从知识的提升到知识的更新，从课堂的评价到课堂的检测，教学智慧犹如一种无形的力量，让教与学的双方都体验着知识的魅力，享受着学习的收获，感受着学习的快乐。

人们常常喜欢用好和不好来评价一堂课，到底什么样的课堂是最好的课堂，站在成人的角度和站在学生的角度给出的答案或许截然不同，但无论结论如何，智慧型教师一定能造就出学生们最喜欢的课堂。一节充满生命活力的课堂，是教师教学智慧的一种再现，意味着平等、共享，意味着宽松、和谐，意味着提升、拓展。它充满了思维，更闪耀着智慧。

高宏群老师撰写的《教学智慧200则》，就是为广大教师探索教学智慧提供的一个平台。该书既借鉴了当今一些教育大家、名家和行家的教育理论研究成果，也是高宏群老师教学生涯四十余载的经验总结。全书共从九个维度阐释了教学策略、课前备课、课堂教学、课后辅导、学法指导、学科教学、复习备考、教学研究和素质提高共200则小智慧。每一则智慧开始都附有一段教学感言，这些“感言”，有的可能会成为年轻教师的工作格言，有的可能会作为一线教师的座右铭。每段感言之后均有较详细的“诠释”，“诠释”一方面可以帮助读者对上述感言进行深入理解，另一方面也是作者对上述感言的阐释和补充。

《教学智慧200则》涉及课堂教学的诸多细节，教法展示独到，学法指导实用，富有新意，引人深思，言简意赅，通俗易懂，是教师朋友不可或缺的教学参考用书，很值得广大教师一读。同时，该书对于指导广大教育工作者形成教育思想，提高自身素质，转变教育观念，改进教学方法，增强教学魅力，提升科研能力，也有一定的指导和借鉴意义。

全国模范教师、河北衡水中学校长　郗会锁

2019年10月

目 录

教学策略篇

课前备课篇

课堂教学篇

课后辅导篇

学法指导篇

学科教学篇

复习备考篇

教学研究篇

素质提高篇

教学策略篇

教学策略是为实现教学目标而制订的付诸教学过程的整体方案。它包括合理组织教学过程，选择具体的教学方法和材料，制订教师与学生所遵守的教学行为程序等。本篇教学策略智慧主要有：

教育的最高境界是对生命的尊重。教学要立足于人的发展，要把课堂还给学生，多给学生展示的舞台。

高效课堂并非克隆相同的教学模式，并非将教学模式绝对化，也并非追求分数的最高化，而要因材施教。高效课堂的标准为目标精确，内容精当，方法精准。懂得怎样让学生学好才是最好的教师。

教师要升华教材教；使用课件要“巧”而不能“滥”。“死记硬背”其实很重要，只有记住更多有意义的信息，才能更有效地思考。

一堂好课的标准是要有人，要有料，要有趣，要有变；好课的四个维度是有温度，有深度，有宽度，有密度。

1. 教育的最高境界

教育，不仅仅是对知识的学习，更重要的是对生命的尊重。

［诠释］

教育之“育”应该从尊重生命开始，使人性向善，使人胸襟开阔，使人唤起自身的“善根”，也就是让学生拥有“友善”的心境。

教育是对人的灵魂的塑造，而非单纯的知识和认识的堆积。这是教育久远而宏大的终极旨趣。否则，你拥有的知识愈多，可能对人类、对生命的危害愈大。时下，我们的学校教育往往忽略了学生基本人格、基本道德、基本情感的养成，以致有些学生对生命、对世事的态度愈来愈冷淡、冷漠甚至冷酷。

一位教育家说过这样一句话，我们要培养学生“面对一丛野菊花而怦然心动的情怀”。对人的尊重，最基本的就是尊重生命的存在，知晓生命的不可重复性。人不应无端地剥夺生命，即使是非常低等的生命。当一个人对低等的植物或动物毫无怜爱之情时，你能指望他尊重高等的生命吗？反之，当一个人对小草、小鱼的生命充满关怀时，对于人的生命，他也会产生敬畏。

2. “把课堂还给学生”是一种教学理念

课堂教学并不是教师个人唱“独角戏”，也不是学生集体表演“大合唱”，而是教师与学生共同合作的结果。不管是教师还是学生，任何一方独占课堂，课堂都不可能精彩高效。

［诠释］

“把课堂还给学生”是叶澜教授在《“面向21世纪新基础教育”探索性研究理论纲要》中提出的理念。她认为把课堂还给学生，让课堂焕发出生命的活力，使课堂成为培养学生自我教育能力的最好场所，是课堂教学改革追求的目标。该理念反对传统教学中教师唱“独角戏”、学生当“观众”的现象，提倡学生做学习的主人，教师充分发挥启发、引导作用。“把课堂还给学生”，让学生主动参与到教学活动中，既调动了学生学习的积极性，又使学生在参与中学到了知识，增加了德育、美育等内容，这可以说是新课程改革的一大硕果。

“把课堂还给学生”不是一种简单的教学方式，而是一种教学理念。许多人对这一理念的理解过于简单，甚至走向另一个极端，认为师生角色转换，让学生走上讲台就是把课堂还给学生。殊不知，“把课堂还给学生”的核心是确立学生学习的主体地位，让课堂充满生命活力，让学习充满智慧挑战，把学习的主动权还给学生。有学者提出课堂要还给学生自主学习、咀嚼思考、自练自改的时间，还给学生独立思考、自由联想、自由表达的个性，还给学生质疑问难、阐述个人见解、保留自己意见的权利，还给学生思想尊严、人格尊严。

3. 多给学生展示的舞台

多给学生时间，让他们自己去安排；
多给学生空间，让他们自己去锻炼；
多给学生舞台，让他们自己去展示；
多给学生希望，让他们自己去拓展；
多给学生权利，让他们自己去选择；
多给学生机会，让他们自己去实践。

[诠释]

如果说以前的教学是教师让学生学会自己走路的话，当代教师更愿意把促进学生有个性地发展比作放飞风筝。教师在课堂上，把更多的时间支配权送给学生，把更多的空间活动权让给学生，把更多的舞台表演权交给学生，把更多的才能拓展权留给学生，把更多的自由选择权还给学生，把更多的学习主动权返给学生，使学生拥有更多的实践机会，真正成为课堂的主人，充分体现了“以生为本”的教育思想。

4. 懂得怎样让学生学好是最好的教师

懂得怎样教学，是合格型教师；懂得怎样教好学，是经验型教师；懂得怎样让学生学好，是最好的教师。

［诠释］

教学是一门艺术，作为一名教师，仅仅懂得怎样备课、上课、辅导学生等教学环节是远远不够的。有经验的教师不仅懂得怎样教学，而且懂得怎样教好学。这就要求教师逻辑思维严密，教学方法科学，语言清晰流畅，板书漂亮潇洒，课件精美实用，教学效果优良。

教师既要懂得怎样教好学，更重要的是懂得怎样让学生学好。因此，教师应转变教学观念，真正把学习的主动权还给学生，做学生学习的指导者。具体地说，一要充分调动学生学习的积极性，让学生愿学；二要创设生动的教学情境，让学生乐学；三要开展多种形式的教学活动，让学生活学；四要营造民主的课堂氛围，让学生互学。

5. 高效课堂并非追求分数的最高化

高效课堂，追求的是效率的最高化，而非分数的最高化；追求的是效益的最优化，而非成绩的最优化。如果只追求分数和成绩，充其量是“高效率”课堂。

［诠释］

高效课堂有两个层面：一是效率的最高化，也就是在单位时间内学生的受益量，主要表现在课堂容量、课内外学业负担等。二是效益的最优化，也就是学生受教育教学影响的积极程度，主要表现在兴趣培养、习惯养成、学习能力、思维能力与品质等诸多方面。只有效率的最大化或只有效益的最优化的课堂，都不是真正意义上的高效课堂。只有二者和谐统一，高效课堂才能实现。

综观我们的课堂教学，大多还停留在效率的最高化这一层面，停留在三维目标（知识与能力、过程与方法、情感态度与价值观）的前两个目标上。究其原因，一是由于受我国高考、中考指挥棒或学校片面考核的影响，二是因为不少教师还没有真正弄清楚高效课堂的真正内涵。

6. 高效课堂需要因材施教

教师教书需要因材施教，教师育人需要因人而异。那种认为通过克隆相同的教学模式来打造高效课堂，通过拷贝相同的教学方法来提高教学成绩的想法，肯定会把教学引向死胡同。

［诠释］

所谓因材施教，就是根据不同教育对象的特性，从其实际情况出发，采取不同的方式方法进行教育和教学。中国古代教育史上，孔子很早就提出了因材施教的主张。

因材施教不但是我国古代教学经验的结晶，也是现代教学必须坚持的一条重要原则。现代的课程观与教学观认为：因材施教中的“材”，应该涵盖教育过程中的“人”（教师、学生）的个体特征、教学设备（器材）、教科书（教材）、学校的地理环境等方面。

教师要做到因材施教：第一，对学生的一般知识水平、接受能力、学习风气、学习态度和每个学生的兴趣、爱好、知识储备、智力水平以及思想、身体等方面的特点，都要充分了解，以便从实际出发，有针对性地教学。第二，教学中既要把主要精力放在面向全班集体教学上，又要善于兼顾个别学生，使每个学生都得到相应的发展。第三，针对学生的个性特点，提出不同的要求，分别设计有利于不同个性特点学生成才的最优方案。

7. 高效课堂的三条标准

目标精确，教学目标心中有数；
内容精当，教学内容心中有人；
方法精准，教学方法心中有异。

［诠释］

高效课堂至少要有三条标准：

①目标精确。这是对教学目标的要求，教师要做到心中有数。目标精确的课

堂，需要有明晰的时间概念、数量概念和质量要求。

②内容精当。这是对教学内容的要求，教师要对所教内容做到心中有人。内容精当的课堂，是针对学生的教学，是基于学生的教学。如果学生回答问题出现意外，那么这对教师是个挑战。教师就要善于因势利导，找出学生思维过程的问题，并有针对性地加以指导。

③方法精准。这是对教学方法的要求，教师要做到教学过程、教学效果心中有异。有位数学教师上课，他让学困生演板，让中等生纠错，让尖子生介绍更加简便有效的解题思路，这一举措覆盖了全班不同层次的不同学生，真正做到了让每一个学生都得到发展。

8. 固定教学模式是死教书

没有教学模式，是教死书的教师；
固定教学模式，是死教书的教师；
乱用教学模式，是书教死的教师；
活用教学模式，是效率高的教师。

[诠释]

①没有教学模式，是教死书的教师。教学模式又称教学方式，是指教学过程的基本结构框架和活动程序。它的主要任务是形成一种学习环境，以最适宜的方式促进学习者的发展。作为一名教师，没有自己的教学模式或者没有掌握一种先进教学模式教学，必然会成为教死书的教师。

②固定教学模式，是死教书的教师。当前，教学模式正从单一性向综合性发展，从以“教”为主向重“学”的方向发展。作为一名教师，不能固定一种教学模式，而要灵活运用多种教学模式教学，才会取得较好的教学效果。那种固守一种教学模式僵化保守教学的教师，必然会成为死教书的教师。

③乱用教学模式，是书教死的教师。教学模式涉及知识、教师和学生三大要素。由于教学内容不同，教师特点不同，学生原有知识结构不同，故教学模式也应具体问题具体分析，不能“一刀切”。那种不从自己的教学实际出发，随意套用、滥用别人教学模式教学的教师，必然会成为书教死的教师。

④活用教学模式，是效率高的教师。任何一种教学模式，都有它的先进性或长处，也都有它的局限性或不足。作为一名教师，必须在深入学习先进模式的基础上，进而结合自身教学实际，选择、借鉴、创新性地活用别人的教学模式，才能提高其教学效率。

9. 不能将教学模式绝对化

教学模式具有实践价值，教师可以按照教学模式所提供的基本框架进行实践操作。但它是相对的，教师不能将教学模式绝对化，更要坚决反对模式化教学。

［诠释］

教学模式是一个实践概念，其实践价值在于它的简约性和可模仿性。简约性是指教学模式是用简约的方式反映教学过程；可模仿性是指人们可以按照教学模式所提供的基本框架进行实践操作。正因为它简约，所以便于把握；正因为它可模仿，所以便于操作，有再生的实践价值。

教学模式具有实践价值，教师不能将教学模式绝对化，而是要强调它的相对性。教学模式的相对性，首先表现为并非所有的教学模式都是合理的；其次表现为那些合理的、积极的教学模式也并非具有绝对真理性，它只能从某个侧面、某个层次、某种程序上揭示或反映教学规律；再次表现在它只是一个教学过程的基本框架，并不等于教学过程的全部。我们之所以反对模式化教学，就是因为模式化教学不顾具体的教学对象、教学内容和教学情境，囿于某种操作步骤，进行机械的、生硬的、缺乏灵性的教学。

只有合适的教学方法，没有最好的教学模式。教学的高效性是我们追求的目标，教学模式只是一种措施，采用哪种教学模式必须服从和服务于教学的高效性。

10. 要有自己的教学风格

广博的知识素养是形成教学风格的基础；
先进的教育理念是形成教学风格的前提；
不懈的职业追求是形成教学风格的动力；
灵活的教学方法是形成教学风格的关键。

[诠释]

①广博的知识素养主要有三个方面：一是丰富的科学文化知识，主要包括人文社会类、科技类、工具类、艺体类、劳技类知识等；二是扎实的学科专业知识，包括学科基础理论、学科教育、教学策略知识等；三是必要的教育理论知识，包括教育学、心理学、逻辑学、教育评价知识等。

②教育理念就是人们对教育根本性的判断和看法。先进的教育理念反映社会发展的大趋势，尊重教育规律，具有一定的科学性，代表教育改革的方向，有助于提高教育质量与效益，引导学生走向成功。例如："学生自主发展""以学生发展为本""培养学生的创新精神和实践能力""为培养能力而教""为学生可持续发展而教"等，都可以视为从不同角度对先进教育理念的精辟概括。

③教师首先要对自己从事的职业有高度的认同感，从认同发展到热爱，从热爱转化为永不停滞的追求，并把这种追求转化到教学中和对学生的态度中。具体地说，教师的职业追求要做到以下三点：第一，要具备高尚的职业情操，要具有强烈的事业心和责任感；第二，要具备较强的职业能力，包括处理问题的诊断力、人格魅力的感召力以及较强的组织能力和丰富的表现力等；第三，要具备先进的职业意识，包括角色意识、目的意识、效率意识、质量意识、责任意识、团队意识、创新意识、服务意识、细节意识等。

④教学方法是教师和学生为了实现共同的教学目标，完成共同的教学任务，在教学过程中运用的方式与手段的总称。常用的教学方法可概括为四类：一是语言性教学方法，包括讲授法、谈话法、读书指导法；二是直观性教学方法，包括演示法、参观法；三是实践性教学方法，包括练习法、实验法、实习法；四是研究性教学方法，包括讨论法、发现法。教有定则，但教无定法。教师要根据其教

学目标、教学内容、教学对象、个人的教学风格和特长等，确定灵活有效的教学方法。

11. 升华教材教

照搬教材教，是保守型教师；
活用教材教，是优秀型教师；
升华教材教，是专家型教师。

［诠释］

①照搬教材，死抠知识学习。教师用教材教，而不是教教材。那种死抠教材教的做法，不仅不能提高学生的学习效率，而且还会降低学生的学习效率。

②活用教材，提高使用效率。所谓活用，是指教师根据自己的教学目标和学生的学习要求，将教材中的素材（文字、图片、表格、漫画等）进行加工再处理，把材料用“活”。教材是静态的，而教学活动是动态的过程。教学只有对教材的再创造，教材才能 处于被“激活”状态，才能使课堂教学充满生命活力。一方面，教师不能简单照搬书本素材，对于教材中过时的内容要选用新素材加以替代；另一方面，教师可以改变教材材料的呈现方式，对增删材料的内容进行嫁接组合，也可以把传统素材转化为学生喜闻乐见的新内容。

③升华教材，提高学生学习效率。教材的编写与修订往往需要一定的过程，教材在成书后有的事例已经过时，甚至有的观点已经发生变化。这就要求教师在教学时不能完全照本宣科，要不断升华教材。第一，要对所教观点不仅知其然，而且要知其所以然。第二，既要对所教知识的现状有深刻理解，还要对其过去有所了解，更要对其最新发展的成果有所把握。第三，既要对教材所举事例进行有选择的取舍讲解，又要结合当前社会热点进行渗透补充。第四，要学会自编综合性较强的试题，引导学生多角度思考。

12. 使用课件要“巧”而不能“滥”

不用课件教学，是落伍型教师；
滥用课件教学，是平庸型教师；
巧用课件教学，是创新型教师。

[诠释]

运用多媒体课件教学，有利于创设教学情境，激发学生的学习兴趣；有利于增加教学容量，提高教学效率；有利于突出重点、突破难点，提高教学质量。因此，教师要合理、有效地使用课件；不会使用或不愿使用课件教学的教师，已不符合时代的发展要求。

课件教学只是一种辅助的教学手段，不要滥用多媒体信息技术而完全放弃传统的教学方法；课件信息输出量不要太大，以免影响教学效果；不要对别人的课件简单照抄照搬，要不断创作适合自己教学风格的课件。

13. “死记硬背”其实很重要

牢记背景知识对于学习十分重要，只有记住更多有意义的信息，才能更有效地思考。

[诠释]

美国弗吉尼亚大学教授丹尼尔・T. 威林厄姆，特别关注认知科学在基础教育领域的应用。在《为什么学生不喜欢上学？》这本书中，威林厄姆提出了一个颠覆性的观念：大脑能做很多事情，但思考却不是它最拿手的。

那么，既然大脑如此不擅长思考，又是如何做成每件事的？威林厄姆告诉我们，思考靠的是记忆，记忆储存着指引我们行动的策略。所以，一个人看起来在进行逻辑思考，但其实大多数时间他只是在进行记忆检索。怎样才能让“记忆检索”变得更容易呢？这就需要我们在大脑中存储更多有意义的信息，即所谓的“背景知识”。“为什么这句话难以理解？为什么这条信息难以记住？”如果你经常有这样的想法，那就说明你的大脑“内存”不够，对你来说有太多新的信息需要消化，了解更多的背景知识可以帮助你在头脑中快速建立起信息间的联系，解决这一问题。

换句话说，想要凭空就让学生拥有分析能力或者归纳能力是不可能的，如果教师希望学生掌握分析和独立思考的能力，就需要全面的事实性知识以及大量的联系来支撑。因此，牢记背景知识对于学习来说十分重要，只有记住更多有意义的信息，才能更有效地思考。

14. 课堂教学的三种组合方式

教师带着教材走向学生；
教师带着学生走向教材；
学生带着教材走向教师。

［诠释］

①教师带着教材走向学生，即教师用课前设计好的程序方法展开教学。教师对完成教学的每个知识点、预先设计的每个教学环节非常重视，努力牵引着学生沿着既定的轨迹行进，即便中途出现意外，也都要回到轨道上来。因此教师主宰着课堂，掌握着教学的进度与尺度，掌握着教学的方法与方式，把持着话语权。教学方式仅停留在这一层面上，就会陷入教材中心、教师中心的窠臼，使学生处于被动境地。

②教师带着学生走向教材，即教师成了学生学习活动的组织者、引导者。教师如同一名导游，循循善诱，娓娓讲述，揭示教材中的神秘、优美和奇趣。学生则如蜜蜂采蜜，兴奋雀跃于教材之中。这样的教学是生动的，教师与学生之间相互反馈，教与学和谐互动，师与生教学相长。

③学生带着教材走向教师，即学生带着问题请教教师、质疑问难。学生不是因外力作用而学习，不是为完成任务而学习，而是被知识的力量、学习的快乐所吸引。学生互相研讨而得不到答案，向教师请教，教师在方向上指点迷津，在学业难点上引领和点拨，在智慧碰撞中起到燧石点火的作用。这是教育的理想状态，是教学的最高境界。

15. 一堂好课的标准

一堂好课的标准可以概括为：有知识、有方法、有生活、有境界。有知识、有方法的课就算是好课了；如果有生活，那就更好了；如果讲课能上升到精神层面，那就更不一般了。

［诠释］

①好课要“有知识”。这是一堂好课最基本的要求。知识不是讲得越多就越好，要讲得精准、精练、精彩。“少则得，多则惑。”怎样把握好这个度，取决于教师对规律的把握和对学生学情的了解，知道学生的困惑在哪儿。

②好课要“有方法”。一堂好课既要有方法，又要有思想。许多教师不缺少让学生得高分的绝招，但重要的是，要让学生自己悟出方法。思想是比方法更高一层的东西。思想是可以移植应用到其他领域、触类旁通的方法，是认识和解决问题的普遍的方法。让学生自己悟出方法和思想是教育者更高超的技艺，这与教师的学养有关，与教师对知识理解的深度、广度和高度有关。

③好课要“有生活”。人类创造知识的目的，是为了改善生活，使生活更加美好和有意义，而不是单纯为了考试和个人发展。仅仅把学知识与考试挂钩是一种价值迷失。所以教师在讲课时，除了要关注考试，还要广泛联系与知识有关的生活现象和人类活动，要让学生在掌握知识的同时，更多地理解知识的意义与价值。

④好课要“有境界”。一节好课呈现的不仅是教师的课堂组织和处理教材的技巧，而且还有教师的思想、情感、精神追求和人格魅力。后者更为重要。境界反映了教师对待生活、社会和世界的态度，反映了教师的职业操守与职业精神，体现了教师对理想与崇高的追求。一个好的课堂，应当是充满了正能量的课堂，是倾注了教师的态度、精神、生命与价值观的课堂，是充满了热情、激情、憧憬和心灵互动的课堂，是将精神和人格引向高尚的课堂。

16. 好课要“四有”

好课的背后折射的是教师的教育哲学，好课的艺术就在于“放得开，收得拢”，总结起来就是：要有人，要有料，要有趣，要有变。

［诠释］

①课堂要“有人”。“有人”的第一层含义，当然是有学生。作为一位教师，应该努力从教育的本原来认识课堂，教育是着眼生命生长的课堂，必然是基于学生实际，是从学生生命生长需要出发的。“有人”的第二层含义，就是有教师自己。所谓有教师自己就是要有教师的个人风格，是“我的”课堂，这里面包含着“我的”教学哲学。每个人包括学生，都是独立的个体。没有教师的个体意识，就会失去教学的创造性。所谓“有人”，还包括不在场的人，比如教材的编写者、教学纲要、课程标准、考试说明的制定者等。

②课堂要“有料”。“有料”指的是课程资源。一堂好课，教师要从教学情境出发，开发和利用相关的教学资源，教学资源既有教师自身的经验积累，更来自教师与学生的互动。

③课堂要“有趣”。所谓趣味性，就是课堂能让学生产生发现某种稀罕之物的兴奋，学生迫不及待地要将自己的发现告诉大家，与大家分享他的乐趣。人总是喜欢发掘神秘的宝藏，尤其是儿童。有趣的课堂，就是要带领学生走进神秘的境地，寻求知识的宝藏。有趣的课堂会将学生的天赋、洞察力以及多元的视野聚焦在他们对生命的挑战上，进而创造出一种全新的可能，也就会寻找到教师从未想过的答案。

④课堂要“有变”。“有变”指的是一堂好课的每一个环节往往是“出乎意料”的，是随机的，也就是教师所讲的“动态生成”。一堂好课是一定会根据课堂的实景调整教学预案和教学方法的，这样的课堂才是有张力、有灵气的。教学面对的是人，因为生命是多元的、变化的，决定了教育必须是多样化的，而不是刻板化、模式化的，好的课堂总是会在变化中收获教与学的愉悦。

17. 好课的四个维度

有温度——温暖学生，抚慰心灵；
有深度——激活思维，走向深入；
有宽度——拓展知识，吸引学生；
有密度——节奏协调，疏密连贯。

[诠释]

①有温度——好课首先要温暖学生。温度不够的课堂不仅冻结教师的教学激情，在教学中不易做到智慧生成，而且还会凝固学生的学习热情，压抑学生的创新思维，使整体教学趋于低效甚至负效。温度过高也不好，会因师生情志失控而失去理性判断，忘记或忽略教学目标，最后的结果同样是达不到教学目的。教师要怀着仁爱之心，对学生、对课程、对社会、对人生充满情感和正能量，在课堂上传递情感和正能量，让爱充满教室的每一个角落，从而温暖学生，抚慰心灵。

②有深度——超越浅层化、碎片化教学。心理学认为，流于浅表的信息传递容易让人疲乏厌倦，提不起兴趣，但过于深奥又会让人困惑难解，在心理上产生畏难情绪，同样收不到好的效果。没有深度就没有提高，但深度并非没有限制，最好的深度就是让学生“跳一跳”可以够得着目标。如果学生不用“跳”就能够得着目标或者费尽周折还是够不着目标，那么都是不合适的。深度问题虽具有挑战性，却更能调动学生的兴趣和积极性，激活他们的思维。一堂好课就要教师努力创设情境，层层设疑、环环相扣，带领学生逐步走向深入。

③有宽度——拓展知识的宽度和广度。课堂教学不仅要有深度，而且教授的知识还要宽起来。这需要教师不断地丰富学科核心素养，打造自己的教学风格，从而吸引学生，引发学生的灵感和美感，使学生在知识的氧吧里大口呼吸。知识的拓展也并非没有边界，由于课堂时间有限，需要教师分清主次，选择那些跟课堂教学密切相关、有利于提高课堂效率的拓展知识向学生展示。

④有密度——局部和整体的和谐节奏。讲课和写作一样，既要使局部和整体张弛有度，又要保持节奏协调、疏密连贯。因此，对教学密度的掌控需要教师长时间的摸索和总结，每一个环节所用时间尽量精确到分秒，只要时间长了就能对课堂教学密度的掌控驾轻就熟了。

18. 好课的“五实”要求

有意义，即扎实；
有效率，即充实；
有生成，即丰实；
有互动，即平实；
有缺憾，即真实。

［诠释］

①有意义，即扎实。在课堂中，学生的学习首先是有意义的。初步的意义是他学到了新的知识，进一步是锻炼了他的能力，往前发展是在这个过程中有良好的、积极的情感体验，产生进一步学习的强烈要求，再发展一步，是他越来越会主动投入到学习中去。这样学习，学生才会学到新东西。有意义的课，首先它应该是一节扎实的课。

②有效率，即充实。有效率表现在两个方面：一是从覆盖面而言，这节课下来，对多少学生是有效的，包括尖子生、中等生、学困生。二是效率的高低。有的学生效率高一些，有的学生效率低一些。一节课如果对所有学生都有效率，且对绝大多数学生都有较高效率，那么这节课应该是充实的课。

③有生成，即丰实。一节好课不完全是预先设计好的，而是在课堂中有教师和学生真实的、情感的、智慧的、思维和能力的投入，有互动的过程，气氛相对活跃。在这个过程中，既有资源的生成，又有过程、状态的生成，这样的课可称为丰实的课。

④有互动，即平实。课堂有它独特的价值，这个价值就在于它是学生的空间，需要有思维的碰撞及相应的讨论。在教学过程中，互动的有利方面体现在通过调节师生关系及其相互作用，形成和谐的师生互动、生生互动、学习个体与教学中介的互动，强化人与环境的交互影响，以产生教学共振，提高教学效果。这样的课才是平平常常、实实在在的课。

⑤有缺憾，即真实。课堂没有十全十美，只要是真实的就会有缺憾，有缺憾是真实的一个指标。生活中的课本来就是有待完善的，这样的课称之为真实的课。

19. 立足于人的发展

三流教师立足于照搬教材，
二流教师立足于传授方法，
一流教师立足于人的发展。

［诠释］

目前，“一流教师教思想，二流教师教方法，三流教师教知识”这句话似乎成了某些专家、领导警示教师的共同语。这话颇有道理，因为它既是对传统“知识本位”教学的一种反叛，又是对新课程“以人为本”的一种弘扬。但如何操作，又难免生出许多歧义来。歧义一：知识、方法、思想有高下之分吗？歧义二：教知识、教方法不好吗？歧义三：“思想”怎么教？

知识、方法、思想共同寓于教材的文本之中，教师很难把它们割裂开来，更无高低贵贱之分。教知识、教方法并非不好，但只停留在教知识、教方法上是不够的，特别是只停留在教教材上，离教育的本来目标就更远了。好教师不仅要教“知”，而且还要导“行”，更要启“智”。教师只有给学生营造思想所赖以产生的实践环境，才能引导学生实践，逐步丰富学生的实践经验，他们的思想才能从幼稚逐步趋于成熟。

做一流教师，这是所有教师的共同愿望。但能否成为一流教师，还取决于教师的努力程度。最基本的条件是：教师必须是一个“思想者”。因为很难想象一个没有思想、没有个性的教师，能教出有思想、有个性的学生。把一流学生培养成一流人才的教师，不一定是一流的教师；把非一流学生培养成一流人才的教师，才是真正一流的教师。

20. 教学“六忌”

忌准备不周，仓促上台；忌目标不明，主次不分；
忌语言晦涩，表达不畅；忌语言平淡，毫无激情；
忌板书混乱，随意分散；忌独角表演，缺乏互动。

[诠释]

①忌准备不周，仓促上台。作为教师，对每一节课的内容都应烂熟于心，在头脑中形成完整的印象。只有这样，才能熟练地驾驭每一节课，更好地解决学生提出的问题，顺利地完成教学任务。

②忌目标不明，主次不分。教师要上好每一节课，必须准确把握每一节课的重点和难点，把需要掌握的知识讲深讲透，这样才能达到教学目的。

③忌语言晦涩，表达不畅。总体来说，教师上课应力争做到以下几点：一是上课用普通话，力争做到语音准确；二是表达流畅，避免言此忘彼；三是用词准确，谨防出现病句；四是主次分明，重点突出，避免漫无边际；五是语言得体，通俗易懂，避免晦涩难懂。

④忌语言平淡，毫无激情。教师在教学中，语言应充满激情，时而高亢，时而低沉，时而坚毅，时而柔婉，时而急促，时而舒缓，让学生陶醉在美好的情感世界里。

⑤忌板书混乱，随意分散。学生在课堂上接受知识信息的渠道主要有两个，一是视觉，二是听觉。板书能使学生通过视觉获得知识信息。好的板书是教学内容的浓缩，也是教师教学能力的综合体现，还可以弥补教师教学语言的不足。因此，教师在板书设计上要注意以下三点：一是板书要整齐美观、简洁大方，给学生以美的熏陶。二是板书要能反映教师备课的匠心。教师要提前构思设计富有个性的板书，减少板书的随意性。三是板书要能充分呈现知识的结构，能把教师的智慧、学识和教学艺术渗透其中，使学生受到文化知识的陶冶。

⑥忌独角表演，缺乏互动。在教学中，教师要大胆地把课堂还给学生，通过运用启发诱导、合作探究等方法，充分发挥学生的主观能动性，培养学生的想象能力、思维能力和创造能力。要实现这些目标，教师绝不能搞“一言堂”，不能让学生处于被动地位，像录音机一样“录制”老师咀嚼过的知识。

21. 讲好公开课的技巧

语言要清晰，提问要科学，时间要恰当，姿势要稳妥，衣着要大方，眼睛要灵活。

[诠释]

①语言要清晰。语言需做到“六性”：叙事说理，条理清楚，言之有据，全面周密，具有逻辑性；描人状物，有声有色，情景逼真，细腻动人，具有形象性；范读互动，情真意切，流畅平易，真挚感人，具有感染性；借助手势，穿插事例，比喻新颖，生动有趣，富有趣味性；发音准确，吐字清晰，措辞恰当，寓意贴切，富有精确性；举一反三，弦外有音，留有余地，循循善诱，富有启发性。

②提问要科学。一是为讲新课铺路的提问，可创设一些悬念，激发学生的求知欲。从一开始就抓住学生的注意力，为讲清新课内容铺平道路。二是为突出重点难点而有意创设的提问。通过提问，启发学生独立思考，使他们自觉地接受、掌握课堂知识。三是总结式的提问，一般在每节课的小结中进行，教师可以了解学生对所学知识的掌握程度。

③时间要恰当。一节课中各部分内容大致需要多长时间，应心中有数。重点和难点需要的时间要长些，讲的力度要深些，切忌主次不分、重点不清。时间分配要讲究科学，前松后紧或前紧后松都会影响教学效果。“草率收兵”或随意拖堂也是不良的教学习惯，应努力克服。

④姿势要稳妥。教师走到讲台前站稳后，不要仓促开口，应首先静静地站在那里，面带笑容，亲切地扫视一下全班学生，待学生的目光全部集中在你的身上三至五秒后，全班一片寂静时，再开口上课。讲课时站立要稳，切勿前后左右摇摆，以防止学生认为你心神不定；也不能在讲台上来回走动，以防止分散学生的注意力；更不能总站在一处不动，给学生呆板的印象。

⑤衣着要大方。一个人的衣着直接影响其气质和“形象”，教师的衣着因身份、场所而异。一般来说，服装应以整洁、朴素、大方为原则，切不可穿奇装异服，过分打扮。女教师上课时穿戴不宜过分艳丽暴露，即使化妆也应以淡雅为宜，否则会引起学生的议论而影响教学。

⑥眼睛要灵活。教师用眼睛既能辅助有声语言的教学，也能及时观察和把握学生听课的反馈情况。富有经验的教师，总是恰当而巧妙地运用自己的眼睛表达出丰富多变的思想情感，以影响和感染学生，收到最佳的教学效果。

课前备课篇

备课是课堂教学的起点和基础，是决定课堂教学质量高低的重要一环，也是课堂教学艺术的重要组成部分。本篇备课智慧主要有：

备课比上课更为重要，并且教学设计要“三尊重”，牢记“六字决”：脉络要“准”，目标要“明”，立意要“新”，构思要“巧”，方法要“活”，练习要“精”。

教案是课堂教学实施的蓝图，因此要不断创新。设计教案既要重视借鉴和吸收别人的智慧和经验，也要发挥个人的长处，突出自己的教学特色。

备课，一要做到：教学目标要简明，教学内容要简要，教学流程要简化，教学方式要简练。二要做到：读熟教材，读出意；读透教材，读出情；读宽教材，读出神。三要做到：问自己的优势在哪里，问自己的方向在哪里，问自己的突破口在哪里，问自己的创新在哪里，问自己的情怀在哪里。四要做到：了解教学目的的决定性，教材内容的规定性，教学活动的教育性，教学方法的适应性，教学对象的接受性，备课过程的反复性。

22. 备课比上课更为重要

> 没有备课的运筹帷幄，哪有上课的得心应手；
> 没有备课的胸有成竹，哪有上课的游刃有余。

［诠释］

所谓备课，实际上是指教师在课堂教学之前进行的设计准备工作，即教师根据课程标准的要求和这门课程的特点，结合学生的具体情况，对教材内容做教法上的加工和处理，选择合适的教学方式、方法，规划教学活动。

古人云："凡事预则立，不预则废。"教师只有备课时的全面考虑与周密设计，才会有上课前的胸有成竹，才会有课堂中的游刃有余，才会有课堂上的有效引导与动态生成。然而，不少教师却把备课看成是工作中的一种形式、一种任务，甚至看成是一种负担，看成是不得不应付的差事。

其实，备课是教学过程的精心预设，包含着教师对课程教学内容的理解水平，也包含着教师的创造性劳动；备课是知识的内化、具体化与课堂物化的预案；备课是对教学资源开发、整合与利用的过程；备课是对学生的研究与关注；备课是教师的再学习过程。教师在上课之前，总是要研究教材，选择教学内容，制定教学目标，确定教学方法，考虑学生的学习方法，设计教学过程，制作多媒体课件或教具，设计课堂练习等，把这些内容呈现出来的过程就是备课。其中，教案是备课的重要标志性成果。

23. 教学设计"三尊重"

> 课堂教学设计，要尊重教材实际，依据于教材的"用"；要尊重学生状况，着眼于学生的"学"；要尊重教师特色，立足于教师的"导"。

［诠释］

课堂教学设计实际上是对整个教学过程的各项工作做一个规划，如教学目标的编制，教学资源的开发和利用，教学重点、难点的确定，教学方法与手段的筹划等。优秀的教学设计，在尊重教学规律和学科特点的基础上，还要具备以下三点：第一，尊重教材实际，依据于教材的“用”。教师的教学必须依据教材，优秀的教学设计，既要体现教师发掘教材的眼光和能力，还要体现教师对发掘出的内容是如何合理取舍、高效利用的。第二，尊重学生状况，着眼于学生的“学”。学生是学习的主体，教学设计应该紧紧围绕学生的“学”来展开。优秀的教学设计，既要充分考虑学生整体的年龄特点、知识结构、生活阅历等因素，又要兼顾学生个体的一些特殊需求，还要注重对学生在学习方法上的指导，注重对学生在情感、态度、价值观等方面的引导。第三，尊重教师特色，立足于教师的“导”。教师是学生一切学习行为的主导因素，学生学不学，学了多少，学得主动还是被动，都主要取决于教师的“导”。优秀的教学设计，应该充分体现教师的引导策略和方法，体现教师的教学理念和风格，还要体现教学过程中的每一个细节以及各个环节之间的衔接和过渡。

24. 教学设计“六字诀”

脉络要“准”——教学设计的“基础”；
目标要“明”——教学设计的“方向”；
立意要“新”——教学设计的“灵魂”；
构思要“巧”——教学设计的“翅膀”；
方法要“活”——教学设计的“方式”；
练习要“精”——教学设计的“结点”。

[诠释]

①脉络要“准”。教学脉络是指课堂教学的布局、线索、条理。要做到教学脉络“准”，教师在教学设计时，布局要选得准，线索要找得准，条理要讲得准。

②目标要“明”。教学目标是教师和学生在课堂教学中所要达到的预期结果和标准。要做到教学目标“明”，教师在教学设计时，教学目标内容要明确，指向要明晰，主次要分明。

③立意要“新”。教学立意包括教师在教学活动中的指导思想以及教学活动要达到的目的和效果。要做到教学立意“新”，教师在教学设计时，立意要新，立意要奇，立意要高，立意要远，立意要深。

④构思要“巧”。教学构思指的是教师在上课之前，在对教材结构、学生学习情况以及学生心理分析之后，所形成的对一节课教什么、怎么教的整体把握。要做到教学构思“巧”，教师在教学设计时，所设计的课堂导入要巧，教学方法要巧，课堂举例要巧，课堂提问要巧，课堂小结要巧。

⑤方法要“活”。教学方法是教师和学生为了实现共同的教学目标，完成共同的教学任务，在教学过程中运用的方式与手段的总称。要做到教学方法“活”，教师在教学设计时，教学有法要活，教无定法要活，贵在得法要活。

⑥练习要“精”。课堂练习，对学生来说是巩固课堂知识的重要手段，对教师来说是对课堂教学效果的检测，也是指导学生学习的有效途径。要做到课堂练习“精”，教师在教学设计时，练习选择要精准，练习反馈要精确，练习讲解要精练。

25. 教案要不断创新

照搬别人教案教学，是懒惰型教师；
使用固定教案教学，是保守型教师；
不断创新教案教学，是进取型教师。

[诠释]

教师使用的教案要不断创新，不能简单照搬别人教案，更不能固定使用旧教案长期不变。撰写教案关键在于设计：一要吃透教材内容，要清楚本节课的教学目标有哪些，重点、难点是什么等。二要设计教学情境，要安排好课堂如何导入，教师怎样教授、开展哪些学生活动以及板书设计、课堂练习、课后作业等方面。

撰写教案重在不断创新。教案既要重视借鉴和吸收别人的智慧和经验，更要发挥个人的长处，突出自己的教学特色。

26. 教案是课堂教学实施的蓝图

教案不是教学内容的提纲，也不是教学参考资料的缩写，更不是网上别人教案的复制，它是教师在深入解读教材的基础上，精心创作制订的实施课堂教学的蓝图。

[诠释]

教案是课堂教学实施的方案。好的教案凝聚着耕耘者的心血，是教师为学生精心设计的课堂教学的蓝图。但也有不少教案让人困惑，其教案根本看不见教师耕耘的足迹，所看见的不过是受任务驱使应付差事的“纸上谈兵”而已。

教师不备课或不认真备课就进行教学，小而言之，是轻慢了自己的工作；大而言之，是亵渎了育人大计。即使经验丰富的教师，在知识瞬息万变的今天，也不能对备课有丝毫马虎。

对于不同的学科、不同的内容、不同的课型、不同的年级、不同的教师所写教案并不要求有统一模式，其书写风格、样式、详略可以各异。但无论怎样书写，一份完整可行的教案必须清楚地表述以下内容：第一，描述该课的教学内容，根据课程标准的精神和要求确定该课的教学目标。第二，提出该课的教学重点和难点，并根据对学情的分析，确定教学中的详略，安排教学的进度。第三，提出课堂实施的预设方案，包括所选用的课型、新课导入方式、各个教与学环节的先后安排。第四，对课堂上重要的提问、讨论的问题、板书、演示例题、演示实验、图片表格以及多媒体画面等细节，做好充分的说明。第五，完美的教案，最好附有教学后记。

27. 备课“简约”美

教学目标要简明，教学内容要简要，教学流程要简化，教学方式要简练。

[诠释]

备课“简约”美。这种简约，不是简单，是一种课堂感受；不是随意，是一种精湛设计；不是低能，是一种高效整合；不是无为，是一种教学境界。

“简约”备课包含教学目标之简明，教学内容之简要，教学流程之简化，教学方式之简练。“四简”的内涵，可以外化为“主线串珠”的教学技巧。“线”的起点是学生学情，“线”的终点是简明的教学目标，“主线”是简化的教学流程，“珠”则是指简要的教学内容。

28. 备课“三钻研”

钻研课程标准，依据课标，忠于课标；
钻研教材教参，立足教材，超越教材；
钻研教学资源，运用资源，优化资源。

［诠释］

著名特级教师靳家彦说：“备课如同打井，只有深钻，才能得水。”教师在备课中应做到“三钻研”，即钻研课标、钻研教材教参和钻研教学资源。

①钻研课程标准，依据课标，忠于课标。在设计一节课时，钻研课标主要应钻研课程教学目标和课程内容标准，认真研究学生在课堂上培养核心素养所应达到的基本要求。

②钻研教材教参，立足教材，超越教材。钻研教材应依据课程教学目标，“直读”教材中直观素材的编写意图：教材编写者为什么要设计这个内容？其目的何在？对于这节课的整体目标有什么作用？这个素材对我的课堂、我的学生能用吗？如果不能用，改用哪些替代材料更合适？……另外，还应挖掘教材中直观素材背后隐含的意义。

③钻研教学资源，运用资源，优化资源。教师在选用教学资源时应该从优教、促学两个方面出发，提高使用的有效性。“优教”指教学资源的内容和形式有利于教师科学组织课堂教学。“促学”指材料内容和形式符合学生的认知规律和学习需求，能激发学生主动学习的愿望，提高学习效益。教师在教学设计过程中应钻研教学资源的科学性、合理性和典型性，并能在课堂上优化资源，以促进教学的实施。

29. 备课“三读”

读熟教材，读出意；
读透教材，读出情；
读宽教材，读出神。

[诠释]

书读百遍，其义自见。教师备课前应达到“三读”，即把教材读熟、读透、读宽。

①读熟教材。教师要求学生通读教材，把教材读活，自己首先要做到。因此，教师自己一定要把教材读活，读三到五遍，读出编者的意图和自己的味道来。

②读透教材。在备课之前，教师必须根据课程标准反复阅读教材，深入领会。在对教材进行精读分析、掌握教材内容后，再进行综合的分析研究，确定教学目标、重点和难点。

③读宽教材。教师备课的任务之一，就是把教材读“厚”，钻研教材，力求有自己独特的发现；把教材教“薄”，挖掘以求深，辨误以求真。

30. 备课的“四种境界”

第一种境界：写在本上——搬教材；
第二种境界：写在书上——教教材；
第三种境界：写在心上——用教材；
第四种境界：写在纸上——著教材。

[诠释]

①第一种境界：写在本上。这种境界是指把教案认真地写在备课本上，这是新教师必须要做到的。

②第二种境界：写在书上。当工作了一段时间后，有一些工作经验了，发现上课时去瞟备课本实在不方便，便把需要强调的知识点标注在教材上，把需要向学生提问的问题旁批在教材上，把需要注意的重要任务、关键环节写在教材上。

③第三种境界：写在心上。有的教师用终生的时间来备课，他们对教材相当熟悉，甚至达到背诵的程度，已积累了丰富的教学经验，具备娴熟的课堂驾驭能力，讲起课来胸有成竹、得心应手，能巧妙地利用课堂生成，引导学生思考、探索，碰撞出学生心灵的火花。教师要达到此境界，需下一番苦功夫，甚至要花上一辈子的精力。

④第四种境界：写在纸上。这是备课的最高境界。这类教师学识渊博，所教

给学生教材里的那点基础知识，只是他知识储备中的沧海一粟。他在课堂上能一语道破“天机”，切中肯綮，游刃有余，更重要的是还具有理论的高度、知识的深度、视野的宽度、思维的活度，有较好的表达技巧、研究能力和较强的创新能力。这类教师不仅能让学生上“道”，还能让学生学会悟“道”。在这类教师眼中，备课是在研究教材、研究学生，是在深度解读文本，是在深度参悟教育，研究出具有“范式”的教学方法、形成具有独特个性的教学风格和提炼出具有指引作用的教育理论。他们把备课中得到的灵感、参悟出的道理、创新出的教法记在纸上，写成教学论文，甚至出版教学专著，进行交流、发表，指导、引领其他教师成长，推动教学的发展，乃至引发教育革命。

第一种境界的教师是在搬教材，第二种境界的教师是在教教材，第三种境界的教师是在用教材，第四种境界的教师是在著教材。

31. 备课“五问”

一问自己的优势在哪里，二问自己的方向在哪里，三问自己的突破口在哪里，四问自己的创新在哪里，五问自己的情怀在哪里。

［诠释］

备好课才能上好课，备课有道，但无定道。只有在备课前学会智慧地反思，才能在备课时事半功倍。因此，教师备课前应从五个方面反问自己。

一问：自己的优势在哪里？要想获取最佳的备课效果，必须在备课前对自己的能力素质进行一次全方位的审视，真正找到自己的优势，认清自己的短处。每个人都有自己的优势，如记忆优势、表达优势、朗读优势、人际优势、年龄优势、表演优势、书法优势、绘画优势、音乐优势等。

二问：自己的方向在哪里？“教法一年一个样，怎么学也学不像。刚刚学得有点像，谁知来年又变样。”这是时下教师们流传的口头禅。面对千变万化、千姿百态的教海航程，每个人都容易迷航。此时要切记：“比知识更重要的是方法，比方法更重要的是方向。”那么，自己应该认准的是什么教学方法呢？自己的奋斗方向在哪里呢？这都是我们每个教师在备课前应该反复追问自己的。

三问：自己的突破口在哪里？有些教师常常在备课前会为自己备课没有新意、

没有创意而发愁、焦急、犹豫、彷徨，这种症状心理学称为“平面徘徊现象”。解决的处方是赶快聚焦找准某一点作为突破口，争取以点带面。所谓聚焦，就是在某段时间集中进行某一专题或某一方面的研究。经过这样长期多方面、多层次、多角度地探索，自己的教学艺术水平自然就高屋建瓴、炉火纯青了。

四问：自己的创新在哪里？备课设计，只有创新才有活力。教师备课前应当有“三见”：新见、远见、创见。许多教师十分崇拜名师教案，不是自己独立钻研备课，而是“复制”名师的课。但令他们苦恼的是往往事与愿违，“复制”的名师教案，用在课堂上效果却很差。这是什么原因呢？答案很简单，教师是一个特殊的职业，其学习与培训需在反复活动中做行为自省与调整的跟进才能见效。事实表明，“教案不能复制出效果”，教师备课不仅要考虑课前的预设，还要预见到课堂的生成变化。因此，教师在备课前要善于浮想联翩，既要备教材，又要备学生，深入钻研教材教法，精心设计每一步教学环节，不能“复制”名师的课，要把别人的东西加以变化，创造性地提出自己的见解。

五问：自己的情怀在哪里？备课前教师思考的过程就是从狭隘走向广阔的过程。人的情怀比天大，每一位教师应不断学习新课程理论，把握中国文化和先进生产力发展的方向，努力使自己的思想和国际接轨，做一个有情怀的教师。这样，我们就能高瞻远瞩、胸襟广阔、视野开阔，我们的头脑就不会固执，思想就不会僵化。

32. 备课“六有”

脑中有“纲”，胸中有“标”，腹中有“书”，目中有“人”，心中有“法”，手中有“技”。

［诠释］

①脑中有“纲”。这个“纲”原指各学科的教学大纲、考试大纲，现在主要指各学科中考、高考的考试范围与标准。我们必须了如指掌，做到心中有数。

②胸中有“标”。这个“标”指的是课程标准。课程标准是国家对某一学科所提出的统一要求，它是教材编写的依据，是教师进行教学的依据，也是考试命题的依据。其中学习水平目标写得非常清楚，备课时必须清楚。

③腹中有“书”。这个“书”指的是教材。教材是教学的主要依据，是师生对话的基础。教师要有专业底气，对教材做到“懂、透、化”。也就是说教师要掌握教材的基本结构，做到融会贯通，使教材内容成为自己的知识体系。

④目中有“人”。这个“人”指的是学生。教师备课时要考虑到学生的实际，防止出现“尖子生吃不饱，中等生吃不好，学困生吃不了，教师费力不讨好”的被动局面。要做到这一点，教师在备课时，要充分考虑自己的教学对象，群体和个体、智力因素和非智力因素都要考虑到。教师只有对学情了如指掌，才能因材施教。

⑤心中有“法”。这个“法”指的是方法。在备课时，教师既要考虑到怎么教，也要考虑到怎么学。教法固然重要，但学法更为重要。

⑥手中有“技”。这个“技”指的是现代技术。教师对现代技术不仅应达到会操作，还应会维护与修理，以防突发事件发生，影响正常教学进度。教师上课前，制作的课件最好提前演示一遍，做到心中有数，防止出现差错时手忙脚乱。

33. 备课“六性”

教学目的的决定性，教材内容的规定性，教学活动的教育性，教学方法的适应性，教学对象的接受性，备课过程的反复性。

[诠释]

①教学目的的决定性。教学是有计划、有目的的活动，教学的一切活动都是为了实现其确定的教学目的。因此，教师要根据课程标准和教材内容所确定的教学目的，决定教什么、不教什么以及怎样教。凡是与教学目的无关的或不利于实现教学目的的内容和教学方法，要坚决舍弃。

②教材内容的规定性。教学要达到教学目的，完成教学任务，主要是通过使学生掌握教材内容来实现。因此，教师在教学中所教的内容，要以教材的内容为中心，围绕如何使学生理解和掌握教材来准备教学内容。当然，在实际教学中，也是允许对教材所规定的内容做适当的调整和补充的。

③教学活动的教育性。教学不是单纯传授知识和训练技能，而是要促进学生全面发展。因此，备课不仅要考虑如何使学生掌握知识技能，还要考虑如何

让学生同时形成正确的思想观点，养成良好的品德习惯。教师在备课中，只有明确树立全面发展的观点，才能在教学中自觉做到既教书育人，又使学生得到全面发展。

④教学方法的适应性。教师备课中拟采用什么样的教学方法，必须充分考虑能否适应本节课教学内容的需要，能否适于学生的接受水平，能否有利于完成教学任务、达到其教学目的。一切不适应当堂教学条件和教学需要的教学方法，都有可能沦为形式主义。

⑤教学对象的接受性。教师备课必须充分考虑自己的教学对象，考虑学生的特点和接受能力，研究如何创造条件，把一些重点、难点知识变不易接受为容易接受，使学生更易听懂、学会。

⑥备课过程的反复性。其反复的程序是：首先，教师初次接触教材在头脑中形成粗略教案；其次，依据新知识特点和学生接受知识能力的实际情况，经综合分析形成书面教案；再次，经想象课堂试讲教案，在头脑中形成比较成熟的教案；最后，在课堂上转化为语言表述教案。

34. 备课“八要素”

备教学目标，备教法学法，备课堂结构，备学生心理，备课堂趣味，备教学语言，备课堂板书，备教学机智。

[诠释]

备好课，是上好课的前提。教师在备课时，至少要包括以下八个要素：

①备教学目标。教师在备课时，第一要务必须备出、备好、备精一节课的教学目标。只有目标明确，才能做到有的放矢、弹无虚发，课堂教学才能显出成效。

②备教法学法。教师备教法和学法可从三个方面着手：一要依据学习目标确定教法和学法；二要依据学生的知识水平、生活经验、心理特点确定教法和学法；三要依据教师本人的个性特点、知识水平、教学经验确定教法和学法。

③备课堂结构。教师要设计出一堂优秀的课堂结构，必须在四个方面狠下功夫。一要在课的开头下功夫。常言道：良好的开头是成功的一半。开头虽是小事，

但意义重大，教师轻视不得。二要在课的中间下功夫。中间是一堂课的躯干部分，是教学目标的完成过程。中间部分教师必须教得丰满，学生必须学得充分。三要在课的结尾下功夫。课堂教学的结尾不能小觑。结尾结得好，可起到“言有尽而意无穷”的效果，给学生留下充分的回味、咀嚼的余地。四要在各部分之间的衔接过渡上下功夫。重视并设计好课堂教学各个环节之间的衔接过渡，是一堂好课的必然要求。

④备学生心理。备课除了应从教材、教师的角度认真准备，还必须备学生这一教学活动的主体，考虑学生的认知结构、心理状态，并制定出相应的应对措施。

⑤备课堂趣味。课堂教学只有趣味浓厚，才能激发起学生的求知欲，调动学生学习的积极性，从而有利于课堂教学效率的提高。基于此，教师在备课时应该倾全力从教材中、从课堂教学的过程中，挖掘可能存在的趣味因素，以增强课堂教学的趣味性。

⑥备教学语言。教学语言是师生双方心灵沟通的重要桥梁，也是学生学习语言的典范。因此，教师在备课时要设计好教学语言。一般来说，其教学语言应该达到：一要规范，要讲普通话，要简洁、清晰、连贯；二要有一定的文采，语言要形象、生动，有韵味；三要充满感情，要生动活泼、有血有肉。

⑦备课堂板书。板书是教学内容的浓缩，是教师教学思路的反映，也是学生学习思路的体现。因此，教师要深思熟虑，将板书设计得整洁、清晰、有创意，不能信笔挥洒，讲到哪儿写到哪儿，想到哪儿写到哪儿。

⑧备教学机智。教师在备课时无论准备得多么充分，总会有意想不到的情况发生。这就要求教师在备课时，除了要扎扎实实地备好能够预料到的因素，还要备应变的预设方案。一旦课堂教学过程中出现一些突发情况，教师也能从容应对，避免手忙脚乱。

35. 备课“九备”

备课标，备教材，备学生，备教法，备学法，备板书，备作业，备资源，备教具。

［诠释］

①备课标。课程标准（以下简称“课标”）是教师备课的理论依据。以课标规定的课程的性质、特点、功能和任务为总的指导思想，确保备课的基本方向和走向不偏离；以课标规定的学科目标体系为参照，确定具体教学时的教学目标；以课标规定的学科内容体系为标准，选择和组织一定时空范围的教学内容；以课标规定的教学方法为原则，指导具体教学方法的选择和使用。

②备教材。教师必须熟练掌握教材全部内容和组织结构，掌握三基（基本理论、基本知识、基本技能）、三性（思想性、科学性、系统性）、三点（重点、难点、疑点），创造性地使用、整合教材。

③备学生。参看第 34 则第④条。

④备教法。教学方法是为达到教学目的，实现教学内容，运用教学手段而进行的，没有绝对意义上好的教学方法。教学方法的好坏是相对于具体的教学目标、具体的学生、具体的教师而言的，是与当前的教学情境相适应的。教学的方法很多，如讲授法、谈话法、实验法、阅读指导法、自学辅导法、程序教学法、范例教学法、讨论法、发现法、欣赏法、角色扮演法等。不同教学方法总有其适用范围和自身的局限性，而一节课中教学目标的达成，很难通过单一的教学方法来实现。只有教师真正掌握了多种教学方法，才能根据特定的教学内容和教学目标，选择出符合学生认知规律，有利于学生发挥自身特长的教学方法。

⑤备学法。在备课中，教师要考虑如何向学生揭示学习规律，指点学习方法，让学生运用规律去学习知识，应用方法去解决问题。

⑥备板书。教师要深入分析教材，厘清脉络，抓住中心，用简洁的文字或图形，把一节课的中心内容展现于黑板上，让学生易于理解，便于记忆。

⑦备作业。备课时，教师应设计并试做布置给学生的课后作业，科学、合理安排课后作业的质和量。

⑧备资源。教学和学生的实际密切联系，教师要对本节课所涉及的现实生活资源做到心中有数。

⑨备教具。教师上课需要的教具，必须提前做好准备，需要的多媒体课件，要提前拷贝到教室的电脑里。

36. 精于“小备”，重视“大备”

小备：备教材、备学生、备教法、备练习；
大备：备学问、备修养、备社会，备人生。

［诠释］

备课备什么？备教材、备学生、备教法、备练习等，这些都是备课的内容。但这是“小备”，是具体到一个章节一节课怎么上的。备课前教材要钻，教参要看，教案要写，而且要非常认真，但仅限于此还远远不够，还要重视“大备”。“大备”包括两个方面，一是备学问、备修养，二是备社会、备人生。

①备学问、备修养。作为教师还得看教材以外的书，读书也是备课，是“大备”，是备修养，是最重要的备课。有许多教师重“小”而轻“大”，能详备一课，详到掰碎揉烂、抠字咬词。咬文嚼字地抠，当然是必要的，也是重要的，否则你就不能精确和缜密。但要使字词、知识有用，要举一反三，变成学生的能力，教师还要会比较，会联系，会丰富，会创造，这就需要相关的信息。只有信息丰富，知识面广，教师才能甄别、选择最优的信息，从而产生个性的思想和有效的教法。

②备社会、备人生。作为教师要了解社会人生和自然万物，掌握社会信息，通晓人情世故，丰富经验阅历。教师和自然科学家不一样，科学家可以相对地两耳不闻窗外事，一心只在研究室。教师则不同，教师必须将自己的专业知识和社会、生活、自然等结合起来，向“全才”和“多面”的方向发展。教师只有储备大量的社会知识和信息，才能在学科与社会之间架起一座桥梁，使学生的学习通往更加广阔的空间，也便于提高学生的才能和培养学生的素养。

37. 集体备课好处多

备学情——集体备课的出发点；
备反思——集体备课的创新点；
备共性——集体备课的着重点；
备个性——集体备课的求异点；
备学习——集体备课的升华点。

[诠释]

①备学情。备学情是集体备课的出发点，离开了学情的备课，只能是“中看不中用”。有的班级中等生偏多，有的班级两极分化严重，有的班级学生比较沉稳，有的班级学生比较活跃等，这就要求教师在集体备课时，既要选择大家都认为比较好的教学方法，还要在教学中根据本班学生特点进行调整。

②备反思。备反思是集体备课的创新点，也是提高集体备课质量的重要手段。每节课后，教师要认真反思，总结经验，汲取教训，并把这些感受、感悟记录下来，作为最有价值的第一手资料。这既可以及时纠正错误，提高自己的业务水平，还可以作为集体备课最好的研究素材。集体备课后形成的教案，教师要结合自己的反思和任课班级的实际情况，进行反复修改并加以创新，既能充满集体智慧，又能体现个人风格。

③备共性。备共性是集体备课的着重点。集体备课由于时间有限，必须解决共性问题，以增强备课的实效性。集体备课前，要做好征求和备课工作，即备课前征求教师的建议，寻找大家感兴趣、棘手的共性话题，作为集体备课的重要内容，进行交流和研讨，在有限的时间内解决最重要的问题。集体备课的方式有很多种，但无论采用“案例式”“辩论式”还是“研讨式”，都要求每个教师先进行独立备课。如果没有教师的独立备课，就不会发现教学中的细节问题，从而会影响集体备课的实效性。

④备个性。备个性是集体备课的求异点。集体备课要尽量减少过多的统一，如内容统一、方法统一、进度统一、作业统一等，固定的模式，整齐划一的要求，只能让教师缺少个性、缺乏风格。集体备课要保持教师的独立个性，不能一味地照搬照抄。教学是极富创造性的劳动，没有固定模式，需要灵活运用教学方法。

如果学习他人的教学经验，教师必须根据授课班级学生的实际情况和自己的教学特点，创造性地加以发挥。因此，教师在明确统一目标和要求的前提下可以设计多种方法，提出不同方案，根据学情，发挥教师的个性和长处，形成真正满足学生需要的个性化、多样化的教学风格。

⑤备学习。备学习是集体备课的升华点。集体备课，对于每位教师来说，都是很好的学习机会。集体备课可以有效地避免教师个体研究势单力薄的情况，发挥集体智慧的作用，最大限度地减少教学中的失误和不足。集体备课更是教师之间互相交流教改信息、探讨教学方法、切磋教学艺术的一项重要措施。

课堂教学篇

课堂教学是当今教育教学中普遍使用的一种教学方式，它是教师在课堂上给学生传授知识和技能的全过程。本篇课堂教学智慧主要有：

课堂教学要从实际出发，更要致力于“导”。组织课堂教学要突出一个“严”字。

教学需要激情，教师的授课语调也是一种艺术，讲课语言要精确、易懂、生动、适度、艺术。细节是开启学生心灵世界的钥匙。教师要走下讲台授课。讲重难点知识要用力有度。课堂提问要善于抓住时机，要有意识地停顿。不能忽视对学生“说”的能力的培养。

要打造课堂教学的魅力，打造民主课堂，心中有课，目中有人。追求更精彩的课堂，创造教学的诗意。让课堂教学更有效。课堂教学要抓住“四点”，即：课堂讨论有“沸点”，学生展示有“观点”，教师点拨有“燃点”，学习收获有“凝点”。课堂教学要突出“六度”，即：复习铺垫要“高效度”，导入新课要“强力度”，传授知识要“参与度”，巩固练习要“多角度”，课堂总结要“高浓度”，课外作业要“适量度”。

38. 抓好课前三分钟

提前进班三分钟，嘈杂教室变安静；
巧用课前三分钟，吵声变成读书声；
课前沟通三分钟，有助加深师生情；
课前准备三分钟，教师教学有保证。

[诠释]

踏着预备铃声走进教室已成为多数教师的习惯，但如果能提前三分钟走进课堂，一定会收到意想不到的效果。一是能对教学设备进行检查，二是有利于调整教学心态，三是可了解学生的学习起点，四是能督促学生做好上课准备，五是有助于联络师生情感，六是可减少偶然事件的发生。

教师不仅要提前三分钟进课堂，还要巧妙地利用好这三分钟，但不能在这三分钟开始讲课，否则会产生变相挤占学生课间休息时间的嫌疑。

39. 巧用教法是智慧

教学有法是进步，教无定法是突破，贵在得法是飞跃，巧用妙法是智慧。

[诠释]

①教学有法是指教学活动有一定的法则和模式，有一定的教学规律，有一定的基本方法。教学有法是走向教无定法的前提。

②教无定法是指教学的模式、方法、技能等不是机械的、教条的，而是灵活多变的、富有个性的。教无定法是对教学有法的升华。

③贵在得法要求每位教师可根据教学内容、学生认知特点和自身的实际，在一定的课堂环境中形成自己独特的教学方法。

④巧用妙法是指巧妙运用教学方法，实现教学的最佳效果。

从无法到有法，是进步；从有法到无定法，是突破；从无定法到创新法，是飞跃；从创新法到巧用法，是智慧。

40. 课堂上要有“四声”

一堂成功的课堂，要有“四声”：一是欢笑声，二是赞美声，三是惊叹声，四是疑问声。

[诠释]

①要有欢笑声。在课堂上，教师如果能够建立一个积极的、充满欢笑的课堂氛围，那么这课堂就成功了一半。这就要求教师树立欢乐课堂的观念，使课堂有教学内容引发的笑声，有教学情境设置引发的笑声，有教师幽默语言引发的笑声。

②要有赞美声。在课堂教学中，要有教师对教学内容的赞美，要有教师对学生学习进步和取得成绩的赞美，要有学生对教师精湛教学技艺的赞美，也要有学生对学生学习创新的赞美。这些“赞美”，既能激发师生沉淀的潜力，又能提高师生的美感品位。

③要有惊叹声。“好奇”是学生的天性，课堂教学要激发其惊奇感，引发他们的惊叹声。

④要有疑问声。在课堂上，学生的疑问声越多，教师的教学效果也越好。因此，在课堂上，教师要善于诱导学生发现问题，鼓励学生提出问题，积极回答学生的疑问，有效解决学生的疑难问题。

41. 心中有课，目中有人

心中无课、目中无人的教师是可恶的；
目中有人、心中无课的教师是可怜的；
心中有课、目中无人的教师是可悲的；
心中有课、目中有人的教师是可敬的。

[诠释]

作为一名可敬的教师，必须做到心中有课、目中有人。“心中有课”是对教师的基本要求，即心中有课标、有课程、有课堂；“目中有人”是教师的基本修养，是指眼中要装有学生，让学生成为学习的主人。

那些心中有课、目中无人，或者目中有人、心中无课，甚至心中无课、目中无人的教师，是非常可悲的、可怜的，也是可恶的。

42. 教学更要致力于“导”

教师当然须教，而更要致力于“导”：注重教导，有效引导，科学指导，善于疏导，学会诱导，重视辅导。

［诠释］

①教导是指教师在课堂上对教学内容进行有效讲授和解读。无论是学生的自主学习，还是探究学习，都不能代替教师的讲授。在讲授中教师要教导有方，突出重点，突破难点，防止以自我为中心的过度讲授。

②引导是指教师通过师生互动的方式引领学生实现教学目标。在教学中，教师的话不讲满，解释中留一角，引导学生去“悟”；答案不直接给出，引导学生去“啃”；结论不固定，引导学生去“探”。

③指导就是教师教学生学会如何学习。对学生学习方法的指导也是教师的主要任务之一，为促进学生全面发展，教师必须有效地指导学生进行自主学习、合作学习以及探究学习等。

④疏导不是解释，它注重的是有效对接与有效生成。疏导就是让学生从拥堵到通顺，从口服到心服，从他律到自律。

⑤诱导就是教师通过运用各种方式或方法，借助学生已知的知识和能力等智力因素，依靠学生的自尊、自信、毅力、动机等非智力因素，让学生自行发生知识和能力的转化、扩充、扩散和叠加。在课堂上，教师的循循善诱，往往能起到举一反三、由此及彼、由表及里的学习效果。

⑥辅导是教师针对教学结果的一种反馈。教师不仅要帮助学生解惑，而且要引导其认识产生疑惑的原因，进而让他们掌握解惑的技巧和方法。对学生的辅导，教师不应停留在“你不会，我再教”的被动层次，而应该转化为“你有疑，我帮你”的更高境界。

43. 组织课堂教学要突出一个“严”字

组织课堂教学要突出一个“严”字：对学生既要严明纪律、严密规章、严格要求、严加管束，又要严厉有度、严中有宽、严之有情、严慈相济；同时，教师对自己也要严于律己、严谨治学、严细求实。

[诠释]

“严师出高徒”，教师对学生的学习要求要严，标准要高，对学习任务完成情况的检查要严。而对违犯纪律的学生则要做到要求严，处理则宽，既坚持原则性，又不缺乏灵活性。

严格与宽容是一对矛盾的统一体，只有做到严中有宽、宽中带严、严宽相济，才能使教学工作发挥最好的效果。在课下学习之外的时间，教师对学生可以宽松一些，多给学生一些自主的空间和时间；课堂上也可以宽松，自主、合作、探究需要宽松的教学环境。

最重要的是教师要严于律己，言行一致，处处严格要求自己，做到严谨治学，严细求实。教师不能只对学生严，而对自己宽。要求学生做到的，自己在学生面前尽量做到；禁止学生做的，自己在学生面前尽量不做。

44. 教学就像是一种“奔跑”

教学就像是一种“奔跑”，有时教师在领跑，引领学生飞向知识的蓝天；有时教师在助跑，助推学生走向知识的海洋；有时师生在赛跑，激励学生奔向知识的殿堂。

[诠释]

在教学过程中，教师与学生在“奔跑”的互动中不断改变前后位置，不断变换角色，从一个个新的知识起点出发，奔向一个又一个知识的终点。

①在学生专心聆听教师讲解时，教师在学生前面领跑指路，做好学生的教导员。教师要引导学生进行高效的学习：首先确定学习目标，让学生一步步从小目标走向大目标；其次引导学生学会学习的策略和方法，不断提高学习效率。

②在学生自主学习产生懈怠时，教师在学生后面助跑、加油、呐喊，当好学生的“啦啦队”。教师应该将学习的时间与空间还给学生，让学生自主学习，自主探究，养成良好的学习习惯。教师既要当好教导员又要当好“啦啦队”，让鼓励和表扬成为学生学习赛道上的动力。

③教学的实质是交流，是师生之间思想、情感、信息的双向交流。教与学是互动且不可分割的过程，教学过程是师生互通信息、共同发展的过程。也可以把教师和学生比作赛跑场上的一对竞争对手，通过教和学，学生获得进步，教师也能得到提高。

45. 教学需要激情

教师需要激情，因为只有激情才会使教师具有魅力；
课堂需要激情，因为只有激情才会使课堂具有活力；
学生需要激情，因为只有激情才能使学生具有动力。

［诠释］

①教师需要激情。教师的魅力在于激情，因为只有激情才会使教师有所创造，才能使教学永远具有探究的魅力。教师的激情犹如一股清新的风，吹动了课堂的空气，吹醒了学生沉睡的心灵，吹活了学生生命的气息。

②课堂需要激情。课堂需要激情，因为课堂是一个需要用激情吹皱的一池春水，它是流动的、活泼的；教学需要激情，因为没有激情的课堂平平淡淡，有了激情，教学活动就能生动、形象，富有情感性，增强其教学效果。

③学生需要激情。学生需要激情，因为只有激情才能激发学习动机，从而增强学生不懈的学习动力。

46. 课堂的最高境界是让学生享受

课堂的最高境界是让学生享受，即享受人文的课堂，享受智慧的课堂，享受情感的课堂，享受励志的课堂。

[诠释]

①实施人文教育，培养人文精神，提高人文素养是当今人们提出的一项时代要求。所谓人文精神，是一种以人道、人生、人性、人格为本位的知识意向和价值意向。人文教育强调学生的生命意识，即优良的品格、聪慧的悟性、丰富的情感和敏锐的感觉。人文课堂就是将人类优秀的文化成果，通过知识传授、环境熏陶，使之内化为人格、气质、修养，成为人的相对稳定的内在品格。为此，教师要在课堂教学中实施人文教育，把人文素养的养成渗透在具体的教学过程中，在课堂上贯彻人文精神，潜移默化地培养学生完整的“人格”。

②智慧教育的真谛是给予学生智慧，以教师的智慧激发学生的智慧潜能。智慧教育的宗旨在于引导学生发现自己的智慧，协助学生发展自己的智慧，指导学生应用自己的智慧，培养学生创造自己的智慧。

③心理学认为，情感是客观事物是否符合人的需要、愿望和观点而产生的心理体验。一般说来，凡能满足人的需要或符合人的愿望、观点的客观事物，就使人产生愉快、喜爱等肯定的情感体验；反之，就使人产生烦闷、厌恶等否定的情感体验。在教学过程中，教师应尽可能以境育情，以知育情，以理育情，以情育情，以激起学生的学习热情。

④励志教育之“励”，是勉励、激励，是激发和唤醒。励志教育是以信念教育为导向、以教育激励为手段、以科学发展观为指导的广义教育。励志教育是让学生用自己的力量成长的道德教育，也是让学生用自己的意志战胜挫折的赏识教育。励志教育走进课堂，可以培养学生正确的人生观、价值观，有助于解决学生学习动力不足、意志不坚定等问题，有利于促进学生终身发展。

47. 把握好理想课堂的“度”

参与度——学生积极主动参与；
亲和度——师生平等合作交流；
自由度——课堂宽松和谐自然；
整合度——研发探究教学资源；
实践度——注重实践感受体验；
延展度——关注社会生活现实。

［诠释］

①理想的课堂，是全员参与的课堂。参与度是学生自主学习能动性的体现，是学生在课堂上思维活跃程度的写照，是学生主动学习的真情流露。学生在学习过程中能做到全员参与，而不是个别尖子生的参与，全程参与而不是暂时片刻的参与，有效参与而不是形式主义的参与。在学生全程参与的课堂中，教师更是一个教学过程的组织者、学生学习的指导者和帮助者。

②理想的课堂，是和谐互动的课堂。亲和度是教师在课堂中善于从情感因素与非情感因素入手，与学生从多角度、多渠道建立良好的融洽的亲近感情。课堂是在教师与学生、学生与学生的互动中完成的。就师生而言，课堂是合作的而非对立的；就同学而言，课堂是切磋的而非竞争的。教师的角色定位应由简单的传授者、表演者转变为合作者、赏识者。

③理想的课堂，是民主开放的课堂。自由度是师生互动共同营造的一个民主和谐的氛围。教师能够点燃学生的激情，同时也为学生的激情、热情、浓烈的参与欲望所感染，使课堂在一种民主、和睦、融洽、自由的状态下达到最佳教学效果。教师不是知识的垄断者，不是话语的霸权者，而是课堂现场的自主建构者，是学生获取知识和智慧的促进者。

④理想的课堂，是综合活动的课堂。整合度就是教师要对教材、学生、教学手段纯熟驾驭的程度。教师要深入地研读教材、解读教材，选择适合学生学习、发展的教学内容，设计适合学生需要的学习形式和方式。教师要做课程的研发者和探究者，而非简单的使用者和执行者。

⑤理想的课堂，是重在实践的课堂。实践度是学生有效地将知识融会贯通的运用过程。理想的课堂不在于教师有条不紊的讲解，而在于它是否真正地让学生练习和实践，让学生在课堂上动脑、动手、动口，通过观察、模仿、体验，在互动中学习，在活动中学习。所以，教师要善于收集、梳理、加工、设计每一道练习题，让学生练出效果，练出水平。教师的角色定位由机械的使用者、模仿者到设计者、指导者。

⑥理想的课堂，是留下足够空间的课堂。延展度是师生在时空与容量上的互为拓展。课堂的延展，不仅包括课堂要拓展学生的思维，进行延伸练习，还包括课外多种形式的实践活动。理想的课堂，能够在知识整合的基础上向广度与深度

延展，从课堂教学向社会生活延伸，为学生的进一步探究留下空间。教师的角色定位由知识的传承者、输出者转变为学习的自省者、智慧的生成者。

48. 课堂教学的“多”与“少”

课堂教学应该：多些自主，少些包办；多些自由，少些限制；多些激情，少些沉闷；多些灵活，少些统一；多些表扬，少些批评；多些探究，少些灌输；多些实效，少些花招；多些开放，少些封闭。

[诠释]

①在教学过程中，学习过程是第一性的，学决定教，教是为了学。因此，学生是学习的“主角”，教师是学习的“导演”。第一，教师要放手让学生自主地参与学习，能放手的一定要放手，不代替学生思考，不代替学生学习；第二，教师要鼓励学生自主学习，让学生在学习中自己发现、分析和解决问题；第三，教师要引导学生对自己的学习态度、学习方法、学习质量进行自我评价、自我完善。

②课堂教学应充分尊重个人的独特性，采用班级讲授法与分组教学、个人教学等个性化教学方式相结合的形式。第一，教师要留给学生充足的自由活动时间；第二，教师要让学生自由地参与学习活动；第三，教师要激励学生大胆想象和幻想；第四，教师要鼓励学生自由地表达自己的思想；第五，教师要引导学生大胆怀疑，勇于创新。

③课堂教学需要有激情。在教学中，教师不仅要有深厚的情感体验，而且要以饱满的情绪、昂扬的激情去感染学生，更要有激发学生情感的手段和艺术。只有营造了这样的“激情课堂”氛围，学生才能由“知之”到“好知”再到“乐知”。

④在教学中，教师尽量减少过于统一性，避免在同一时间用同一种方式，讲同一内容，做同一分析，让学生记同一个结论，做同一道练习，考同一个试题，最后得出同一个答案。

⑤儿童教育专家多萝茜·洛·诺尔特说过：如果一个孩子生活在批评之中，他就学会了谴责；如果一个孩子生活在鼓励之中，他就学会了自信；如果一个孩子生活在认可中，他就学会了自爱。表扬常常会激发学生潜力的发挥，但在实际教学中我们的批评与指责太多了，表扬与鼓励太少了。每个学生都有不足也都有

可取之处，教师要善于发现他们的可取之处，肯定它，赞赏它；而对他们的不足之处则要多鼓励，少批评。

⑥那种单向说教的灌输式教学，会剥夺学生的思维、选择和尝试的权利，甚至会扼杀学生的个性发展和创造力的发挥。但对中小学生的探究性学习，教师也不能要求太高，否则会使他们感到力所难及，无从下手。这就要求教师一定要根据学生的生理、心理特点和知识结构的实际情况，有针对性地开展探究性活动。

⑦当前有的课堂教学形式不仅没有高效，而且导致了教学质量的严重下滑。究其原因，教师应该反思情境创设是否引用得过“花”，合作交流是否作秀得过“假”，自主探究是否把握得过“死”，教师语言是否讲解得过“精”，关注生活是否炒作得过“火”。

⑧课堂教学必须由“封闭型”转变成“开放型”，这是教学改革的大方向。开放型教学，就是要积极广泛地开展一些形式生动活泼、内容丰富多彩、学生喜闻乐见的教学活动，这样不仅可以调动学生学习的积极性，而且可以提高学生分析问题与解决问题的能力。

49. 课堂教学的“讲”与“不讲”

在教学中，教师重点讲学生理解不了的问题，讲学生归纳不了的问题，讲学生运用不了的问题；不多讲过易问题，不多讲过偏问题，不多讲过难问题。

［诠释］

在平时教学中，教师要注重讲解学生理解不了的疑难问题，讲学生归纳不了的规律、方法问题，讲学生运用不了的知识迁移、思路点拨问题。教师不要过多讲解过易的问题，即学生通过看书、做题能解决的问题；不要过多讲解过偏的问题，即超过教学深度的问题；不要过多讲解过难的问题，即超越考试难度、讲了学生也不懂的问题。

在复习课教学中，教师要多讲容易混淆的问题，多讲容易出错的问题，多讲容易遗漏的问题；少讲已经解决的问题，少讲已经过时的问题，少讲在理论界有争议的问题。

50. 授课语调也是一种艺术

悦耳的语调能使讲课高雅优美；
清新的语调能使讲课平地生辉；
柔和的语调能使讲课含蓄委婉；
激昂的语调能使讲课振奋人心。

［诠释］

语调，即说话的腔调，就是一句话里语音高低、轻重快慢的配置，它在教师的语言艺术修养中占有很重要的地位。恰当的语调能使教师讲课高雅优美、平地生辉、含蓄委婉、振奋人心，能起到较好的教学效果。

作为一名教师，在课堂中恰当合理地使用语调显得尤为重要。在教学中其语调应时而高昂，时而低沉；时而激如水之过石，时而缓似西天流云；抑扬顿挫，疏密相间。

一个人的语调是可以训练、可以得到校正的。假如你的嗓门尖厉，请尽量在说话时放低声调；假如你说话太快，请注意把语速缓和下来；假如你说话的声调过分僵直，请在说话时尽量委婉柔和；假如你说话声调平淡无味，请尽量采用抑扬顿挫的声调。

51. 讲课语言艺术“五要”

教师讲课语言：一要精确，二要易懂，三要生动，四要适度，五要艺术。

［诠释］

一要精确。“精”是少而有分量，“确”是恰切地表达内容。当然“精”决不意味着过分的浓缩，把语言弄得深奥难懂，讲课的语言应在学生能接受的情况下做到精。对学生已知的东西，教师要言简意赅、恰切简明；对学生不懂而又必须掌握的东西，就要讲得细致深刻。

二要易懂。讲课的语言既要有书面语言的精确，又要有口头语言的明白易懂、顺口悦耳，便于说、听和记笔记，这是讲课语言的风格。组织过严、概念太多、只抽象不具体、只深入不浅出等，都会影响学生对听课语言的理解。

三要生动。如果教师没有好的口才，语言不生动形象，就会把生动有趣的内容讲得索然无味。教师讲课只有生动形象，才能给学生留下深刻的印象。

四要适度。讲课语调要抑扬顿挫，声音的高低和说话的快慢要适度。平淡而低沉的语调易使教室沉闷，声音过大则易使学生疲倦。

五要艺术。教师在教学过程中，首先，要注意讲话的态度，讲究讲话的方式，要言传身教，要讲究说话艺术；其次，讲课中要多诱导少责难，多鼓励少贬斥，不要用过激的言辞伤害学生的自尊心和自信心。

52. 要发挥学生的主体作用

教师向学生讲授“是什么”，远不如学生自学“是什么”；教师向学生讲授“为什么”，远不如学生向教师提出“为什么”；教师向学生讲授“怎么样”，远不如学生自己整理“怎么样”；教师向学生讲授“怎么办”，远不如学生合作探究“怎么办”。

［诠释］

“是什么、为什么、怎么样、怎么办”是认识问题的逻辑思维过程。“是什么”一般包括知识的含义、本质属性等。“为什么”是探索事物的因果联系，揭示事物的地位、形成的原因、作用、产生的结果等。“怎么样”是对事物的认识和评价。“怎么办”启示我们应该如何解决问题，探索解决问题的方法，找到解决问题的途径、正确方法或思路。

知识有四种表现方式：是什么、为什么、怎么样、怎么办。教师要采用不同的教学方法，解决这四种问题。对于“是什么”，可让学生自学去解决；对于“为什么”，可让学生提出，教师加以点拨来解决；对于“怎么样”，可让学生先谈谈自己的看法，教师再加以总结和完善；对于“怎么办”，可让学生合作探究解决。这样的教学，既有利于发挥教师教学活动的“导演”作用，又有利于发挥教师讲解的“导播”作用，还有利于发挥教师释疑解惑的“导航”作用。

53. 教学的艺术在于唤醒学生

教学的艺术在于鼓舞、唤醒、感化、激励，即教师要以高尚的道德鼓舞学生，以渊博的知识唤醒学生，以真挚的情感感化学生，以远大的理想激励学生。

[诠释]

①教师是学生道德的启蒙者，教师如果没有高尚的道德，是不可能教出具有良好道德的学生的。教师高尚的道德能帮助学生提高道德认识，引导学生形成科学的道德意识；教师积极的道德情感可以引起学生情绪和情感上的共鸣，从而形成丰富的道德情感和健康的情绪；教师坚韧的道德意志对学生有巨大的激励作用，它能增强并鼓舞学生锻炼坚定的意志和顽强的毅力；教师高尚的道德行为能指导学生选择正确的道德行为，培养学生良好的道德习惯。

②具备比较渊博的知识是教师完成自己工作任务的基础。对一个教师来说，知识积累得越多越好。然而比较合理的知识结构，应包括以下三个方面：第一，通晓所教的学科和专业。第二，具有比较广泛的基础文化知识，包括一定的“文史哲”“数理化”“天地生”“体音美”等学科知识以及写作、计算、唱歌、绘画、体育活动等方面的技能。第三，掌握教育科学理论，懂得教育规律。教师必须有良好的教育学、心理学的知识修养，懂得青少年身心发展的一般特点、个性和品德形成的一般规律以及如何根据这些特点和规律教育学生。

③情感的培养是教学活动的重要任务。在教学过程中，教师要以平等的关系对待学生，用诚恳、真诚的话语打动学生，用真挚的情感感化学生，注重情感的沟通，注重情景的创设，注重情趣的激发，以情诱学，开启学生心灵之门。

④理想信念是人的心灵世界的核心。人生只有奋斗才有意义，只有奋斗才不空虚，而奋斗如果没有理想作指引是很迷茫的，是很容易放弃的。有了坚定不移的理想，一个人才能一直奋斗下去，想尽一切方法克服困难。因此，教师要指导学生树立科学的理想信念，并激励学生为之不懈奋斗。

54. 教师授课的意境

教师的授课，传出一种意境，以陶冶学生的心灵；显示一种艺术，以打动学生的感情；蕴含一种哲理，以引起学生的思索；饱含一种智慧，以启迪学生的聪颖。

[诠释]

①教学意境是教学过程中教师崇高的思想感情的熔铸和升华，是教师凭借卓越高超的教学艺术，所创造出来的情境交融的、能使学生心灵受到熏陶感染的、能激发学生审美情感的艺术境界。教学意境的巧妙创设，对增强教学效果，培养学生素质，具有十分重要的现实意义和审美价值。

②课堂教学是一门艺术，是一种创造性的劳动。教师要真正做到“传道有术、授业有方、解惑有法”，课堂教学就会达到事半功倍的效果。在教学中教师的语言艺术、情绪艺术、教态艺术、调动学生兴趣的艺术、随机应变的教学艺术是相互联系、缺一不可的，也是上好一堂课的重要保障。

③教师在教学中运用富有哲理的语言，不但能加深学生的记忆，提高学生的学习兴趣，而且能活跃课堂气氛，使学生在学习过程中潜移默化地受到美的熏陶。

④教学智慧是教师个体在教学实践中，依据自身对教学现象和教学理论的感悟，深刻洞察、敏锐机智并高效便捷地应对教学情境而生成的达到融通共生、自由和美境界的一种综合能力。教育是需要智慧的，教师智慧地教，学生智慧地学，教师要教得学生更有智慧。

55. 细节是开启学生心灵世界的钥匙

教育过程中有许多细节有待教师去挖掘；
教学过程中有许多细节有待教师去开拓；
教书过程中有许多细节有待教师去捕捉；
教研过程中有许多细节有待教师去突破。

[诠释]

①教育过程中有许多细节有待教师去挖掘。教育的艺术就体现在敏锐地挖掘具有教育价值的细节上。如果教育过程中有更多的细节被注意、被发掘，那么课堂教学就一定会变得更亮丽、更吸引人。

②教学过程中有许多细节有待教师去开拓。学生的一句话、一个表情、一个手势、一次低头，甚至是一件饰品，都有可能成为让教师为之一振的精彩细节。只要教师敏锐地抓住它，深入地开拓它，就可能找到教学的突破口，甚至可能形成一股强劲的教学旋风，在学生的心海卷起波澜。

③教书过程中有许多细节有待教师去捕捉。在教书过程中，教师要敏锐地发现学生身上显露的教学细节，耐心地叩问，静静地倾听，深入地捕捉。在细节上做文章，于细微处见精神。这样，课堂教学就会走进学生的内心世界，就能赢得学生的阵阵掌声。

④教研过程中有许多细节有待教师去突破。在教研过程中，教师不能一味追求高大上的课题研究，要更多投向课堂教学细节的校本研究，要关注教师知识更新的细节研究，要关注信息化时代教师教学方法的改进研究，要关注学生核心素养的培育研究。只有突破了新时代教学面临的新问题，教师才能笑迎新课改，更上一层楼。

56. 课堂提问要善于抓住时机

教师课堂提问，要善于抓住时机，设置矛盾；要注意分层设计，化难为易；要善于曲直互换，引人入胜；要注意联系生活，发散思维。

[诠释]

陶行知先生说："发明千千万，起点是一问。……智者问得巧，愚者问得笨。"课堂教学是一门艺术，而善于提问则是教师教学艺术的重要表现。

①有效的课堂提问，应从教学内容的实际出发，根据教材的重点、难点来精心设计、发问；还应从学生的实际出发，根据学生的认知水平与心理特点，找出诱发他们思维的兴趣点来发问。这就要求教师深入钻研教材，抓住突破口，有意地给学生设置问题的"障碍"，形成他们心理上的一种"冲突"。

②提问可深题浅问，也可浅题深问。对一些过难的问题，教师可以根据教材特点和学生的实际水平，把难问题分解成易理解、更有趣的小问题，或者把大问题分解成一组小问题，层层深入，一环扣一环地问，逐步引导学生向思维的深度发展。有些问题尽管重要，但看似浅显，往往为学生所忽视。教师提问时就要引导学生作深入探究，才能取得好的教学效果。

③提问可直题曲问，也可曲题直问。课堂提问要善于转弯抹角，改头换面，留有思考的余地，把问题以曲问的方式提出，诱导学生开动脑筋。

④在提问时，教师要引导学生把书本生活与课外相关生活联系起来思考，通过提问让学生想得“广”、想得“深”，有效培养学生的发散思维能力。

57. 课堂提问要有意识地停顿

教师在课堂上提出问题后，要有意识地做短暂停顿，给学生消化吸收的时间；当学生回答问题后，也要有短暂停顿，让学生有咀嚼回味的余地。

[诠释]

有的教师一提出问题马上要求学生回答，学生由于没有思考时间，不可能把问题回答好。因此，教师提出问题后，要给学生留出思考的时间。当然这个时间要适度，过长过短都不宜。要根据问题的难易程度和学生的水平差异，进行合理停顿。教师进行提问，绝不能因为一个学生举手，就指名回答，这样无意中剥夺了大多数学生独立思考的权利。

但当教师提出一个问题，学生呈现一无所知的茫然表情时，则教师不需要停顿。只有当学生真正地在思考问题时，教师才需要停顿较长的时间。此外，在学生回答之后，教师也要耐心等待，将学生停止说话至教师开始说话之间的间隙保持在1 ~ 3秒。如果教师对非自愿回答者在叫答后，学生没有说话，教师也应等待，直到学生给出实质性的回答或请求帮助。

58. 优化课堂提问的策略

精心酝酿——优化课堂提问的内容；
巧妙安排——优化课堂提问的结构；
合理调控——优化课堂提问的语言；
科学设计——优化课堂提问的过程；
丰富多彩——优化课堂提问的形式；
主辅分明——优化课堂提问的关系。

[诠释]

①精心酝酿——优化课堂提问的内容。课堂提问的内容应当紧扣教材，围绕教学目标和学习目的展开。提问内容一方面要有启发性、趣味性、预见性，另一方面要有难易区分度，符合学生的年龄特点和认知水平。

②巧妙安排——优化课堂提问的结构。每一节课、每一个知识点的提问所涉及的内容都不是孤立的，其相互之间存在有一定的联系。因此，优化提问结构，一要注重整体性，二要体现量力性，三要增强灵活性。

③合理调控——优化课堂提问的语言。教师进行课堂提问时，语言应力求实现“六要”：第一，要语调愉悦；第二，要语汇丰富；第三，要语言风趣；第四，要语言精练；第五，要语言质朴；第六，要语言机敏。

④科学设计——优化课堂提问的过程。课堂提问主要分为四个阶段：第一，情境设置阶段。在这一阶段，教师要用指令性语言设置问题情境，由讲解转入提问，使学生在心理上对提问有所准备。第二，提出疑问阶段。教师提出问题后，要给学生留有一定的思考时间，再要求学生回答问题。第三，引导启发阶段。如果学生对所提问题一时回答不出来，教师要以适当的方法鼓励、启发、诱导学生作答。第四，评价修改阶段。教师应以不同的方式评价学生的答案，包括重复学生回答的要点，更正学生回答的内容，扩展学生回答的思路等。

⑤丰富多彩——优化课堂提问的形式。课堂提问可采用直问、曲问、反问、激问、引问、追问等形式，以激发学生回答问题的兴趣。

⑥主辅分明——优化课堂提问的关系。在课堂提问中，教师的主导作用应当始终服从和服务于学生的主体作用。一方面，课堂提问要坚持学生的主体地位不

动摇；另一方面，在组织课堂提问时，要以充分调动学生学习的积极性、主动性、创造性为前提条件。

59. 课堂提问“四字诀”

“精”——精心精要；
“巧”——设问巧妙；
“活”——机智灵活；
“缓”——放缓答评。

[诠释]

一是要“精”。“精”，即课堂提问必须做到精心、精要。一个经过精心设计、恰当而富有吸引力的问题，往往能拨动全班学生的思维之弦，奏出一曲耐人寻味甚至跌宕起伏的动人之曲。

二是要“巧”。“巧”，即巧妙，就是说教师无论是发问、叫答还是理答，都要有一定的技巧。教师课堂提问要做到：问题提得巧，叫答有讲究，理答要多给予学生肯定、赞许和鼓励。

三是要“活”。“活”，即灵活，就是说课堂提问要机智灵活，所提问题要具有启发性和开放性。

四是要“缓”。“缓”，强调的是教师在提出问题后，不要急于解释与引导，而要留给学生足够的思考时间与空间，放缓节奏，延迟评价。

60. 课堂教学要从实际出发

教、学、练是课堂教学的三个基本环节。究竟是“先学后教”，还是“先教后学”，到底是“当堂训练”，还是“课后训练”，一定要根据教学的具体实际而定，千万不要搞“一刀切”。

[诠释]

著名的教育学家叶圣陶说过：“教学有法，教无定法，贵在得法。”苏霍姆林斯基说："有经验的老师在备课的时候，总是要周密地考虑他所讲授的知识将在学生的头脑里得到怎样的理解，并根据这一点来挑选教学方法。"可见，教学方法应根据教学的具体内容和学生的实际能力而定，以学定教，以思导教，以创活教，绝不能照搬照抄。

各种教学模式各有个性和特定的适用范围，没有普遍适用于任何范围的万能模式。因此，教学模式可以借鉴，但不可复制。如果只运用一种教学模式，会导致教学活动单调、重复和教学气氛的枯燥乏味，遏制了教师和学生的创造性发挥。教师可以选定某种模式作为设计教学活动的参考，千万不要当作固定的框框硬套。作为中小学教师，尤其是年轻教师，应该掌握多种基本的教学模式，以便于灵活变通地运用，最重要的是，要善于从教学的实际出发，最优地选择适合具体教学情境的模式，并创造性地运用。

61. 打造课堂教学的魅力

教学目标要明确，教学方法要实在，教学设计要出彩，教学思路要清晰，教学过程要轻松，教学效果要扎实。

［诠释］

①教学目标在教学活动中处于核心位置，它决定着教学行为。制订教学目标应遵循以下原则：第一，整体性原则。教师要从学科的整体要求出发，一切具体目标都不能与总目标相悖。第二，可行性原则。目标要适度、恰当，符合学生实际。第三，可操作性原则。目标要简明、具体、易操作、易检测。第四，阶段性原则。明确学生认知能力发展的阶段性，在不同的阶段有不同的侧重。第五，科学性原则。对不同层次、不同类别的知识，教师要用不同的行为动词做出具体而恰当的描述，严格把握分类的准确性、描述的严密性。

②教学方法包括教师教的方法和学生学的方法两大方面。教师必须按照一定的科学依据，综合考虑各种因素和自己所具有的各种条件，只有选取适当的教学方法，并合理地进行组合，才有望收到良好的教学效果。

③搞好教学设计，要以科学的教学理念为灵魂，并选用有创意的教学方式、方法，特别要注重设计中的构思。

④策划教学思路，一要清晰，二要简明。教学思路就是教学的蓝图，就是教学的步骤、层次。由于教学思路讲究教学过程的流畅之美，讲究教学内容的组合之美，讲究教学时空的造型之美，讲究教学双方的活动之美，所以不管是从“科学”还是从“艺术”的角度，人们都可以从“思路”上看到设计者的水平、风格和特色。

⑤一节课成功与否，主要取决于教学过程的组织与实施。教学过程的组织与实施，首先，要注意一“活”一“紧”。所谓“活”主要是指课堂的氛围、教材的应用与教学方法的灵活；所谓“紧”，主要是指教学过程的设计要环环相扣。其次，在组织与实施过程中要注意“时”“实”“适”。“时”主要是指在教学过程的组织上，各个环节都应该掌握最佳的时机，做到恰到好处；“实”主要是指课堂目标制订实一些，切合实际一些，少做一些华而不实的事；“适”主要是指在教学过程中练习与作业的量要适度、适中。

⑥正确评价一个教师的教学效果，涉及多层次、多方面、多因素。因此，必须对具体情况进行客观的分析和比较，采取实事求是的科学态度。一要看教学思想是否端正；二要看能否按课程标准和教材进行教学；三要看能否激发起学生学习的兴趣；四要看教学能否面向全体学生。

62. 追求更精彩的课堂

不要追求最高效的课堂，但要追求更有效的课堂；
不要追求最完美的课堂，但要追求更优美的课堂；
不要追求最经典的课堂，但要追求更精彩的课堂。

［诠释］

“没有最好，只有更好”是曾经流行的一句广告词。在哲学上，“最好”是个绝对的词，“更好”是个相对的词。但在现实中，最好只存在于相对中，而更好才是真正绝对的。因此，在广大教师中，没有最好的教师，只有更好的教师；在课堂教学中，没有最好的课堂，只有更好的课堂。没有最高效、最完美、最经典的课堂，只有更有效、更优美、更精彩的课堂。

作为一名教师，没有最高的追求，但要有更高的追求。做一名优秀教师，是教师的工作追求；做一名幸福的教师，是教师的生活追求；做一名学者型教师，是教师的更高追求。在课堂教学实践中，追求更有效的课堂，是教师的起码追求；追求更优美的课堂，是教师的基本追求；追求更精彩的课堂，是教师的更高追求。

63. 教学可以热闹但不可胡闹

教学可以快乐，但不可玩乐；
教学可以游戏，但不可嬉戏；
教学可以热闹，但不可胡闹。

[诠释]

①快乐教育包含三个维度：一是有兴趣的教育，激发学生学习、探索自然的兴趣；二是有质量的教育，不仅包括学业质量，还有品德、兴趣、习惯、体质等各方面，是对学生的终身负责；三是有多种经历体验的教育。有人理解快乐教育等于游戏玩乐，这是一种误解。其实，快乐教育不等于玩乐，快乐学习也需要学生刻苦读书。

②游戏是孩子的天性，游戏可以调剂学习，游戏有开发智力的功效。但玩游戏要分清好坏，过度沉溺于游戏是有害的。亚里士多德说过："求知不是孩子的游戏，要学到知识，必须付出艰辛的劳动。"韩愈说："业精于勤，荒于嬉。"法国思想家帕斯卡认为："我们所有最大悲哀就是嬉戏，原因是嬉戏最能妨碍我们的思考。"

③在现实的教学实践中，曾出现过种种离谱胡闹的教学案例，严重偏离了课堂教学的正确轨道，教师应引以为戒。

64. 提高学习成绩首先要提高学生的学习兴趣

要提高学生的学习成绩，首先要提高学生的学习兴趣；要提高学生的学习兴趣，首先要提高学生对本学科的兴趣；要提高学生对本学科的兴趣，首先要拉近学生和教师的距离。

［诠释］

学习兴趣是学生在学习活动中所产生的一种渴望获得文化科学知识，并带有强烈情绪色彩的心理倾向。学生的学习兴趣对巩固学习动机、激发学习积极性、调节学习活动及学习效果等都具有十分重要的作用。有研究表明，学习兴趣与学习动机和学习效果成正相关，即学习兴趣越浓则学生的学习动机越强，学习兴趣越浓的学科则学生的学习效果越好。

要提高学生对本学科的兴趣，首先要拉近和学生的情感距离，也就是在教法和学法上多下功夫，让学生觉得教师很神圣，很了不起。同时要注意自我形象的塑造，上课要精神饱满，面带微笑；课下辅导一视同仁，循循善诱；发现学生的过错要耐心倾听，认真分析。教师要走进学生内心，以情感人，以理服人，这样学生就会喜欢教师这个人，进而喜欢其所教学科，从而提高学习兴趣。

65. 走下讲台授课

教师走下讲台授课，不是形式主义，而是教师观念的转变；不是追求时髦，而是教师角色的转换。

［诠释］

美国著名教育家杜威曾说："教师不应该站在学生面前上课，而应站在学生后面。"这句话也许听起来觉得有些不可思议，但与我们的新课程理念是一致的。我们的课堂教学要求突出学生的主体性和教师的主导性，教师是学生学习活动的组织者、指导者、参与者，如果教师总站在讲台之上，以一对众，与学生相隔，又怎能亲近学生，与学生沟通呢？

三尺讲台是教室最神圣的地方。在教学时教师走下讲台，能够拉近师生间的距离。教师不再是高高在上、居高临下的师者，而变成了一位亲切可爱的大朋友。教师走在学生中间，使课堂气氛更融洽，学生自然学得轻松、愉快。可见，走下讲台授课，不是形式主义，而是一种观念的转变。

教师到学生中去，了解他们的所思所想，倾听他们的心声，使他们畅所欲言，各抒己见。学生的视听器官刺激增大，注意力明显集中，他们参与课堂活动的意识随之增强，教学效果必然会得到提高。可见，走下讲台授课，不是追求时髦，而是教师角色的转换。

66. 驾驭课堂的“法宝”

充分的课前准备是驾驭课堂的基础，严谨的教学环节是驾驭课堂的关键，精彩的语言表达是驾驭课堂的亮点，民主的师生关系是驾驭课堂的精髓，现代化的教学手段是驾驭课堂的助手。

[诠释]

驾驭课堂是教师正常执行教学任务的必要条件，其水平的高低是关系课堂教学效果的重要因素，也是体现教师素质的重要方面。

①教师要充分做好课前准备。一要思想上重视，认真对待自己的每一堂课；二要精心备课，科学设计教学；三要从精神上做好充分的准备；四要准备好教具。

②教师要掌控好课堂教学环节。既要重视一堂课的开端，又要组织好课中秩序的管理，还可走下讲台“变位讲课”，并伴之以视觉、手势的配合使用，拉近师生之间的时空距离和情感距离。

③在课堂上，教师要有精彩的语言表达。教师讲课时要口齿清楚，准确精练；要形象生动，富有感情；要言之有序，富于启发；要重点突出，言简意赅。

④教师要建立和谐的师生关系，创设民主的教学环境，以保证学习气氛的轻松、活泼。

⑤教师要使用现代化的教学手段，将一些教学内容做成多媒体课件，把文字、声音、图像、颜色、动画等多种信息高质量、高速度、高效率地介绍给学生，化抽象为形象，化枯燥为生动，以提升学生的学习兴趣。

67. 打造民主课堂

课堂教学的最高境界是打造民主课堂，即：充满爱心的课堂，尊重个性的课堂，追求自由的课堂，体现平等的课堂，倡导宽容的课堂，讲究妥协的课堂，激发创造的课堂。

[诠释]

所谓“民主课堂”，通俗地说，就是充满民主教育理念的课堂。它意味着教师对学生能力与潜力的无限信任，意味着教师对学生个性的尊重，意味着师生在探求知识的道路上是志同道合的朋友，意味着还学生自主学习的权利，让学生成为课堂的主人。民主课堂是建立在师生人格平等基础上的课堂，是以师生积极交流对话生成为主的课堂，是学生真正成为学习主人的课堂，是充满生命幸福与人性光芒的课堂。民主课堂的核心理念是“让学生成为课堂的主人”。

课堂教学的最高境界是打造民主课堂，即：充满爱心的课堂，就是充满人性、人情和人道的课堂；尊重个性的课堂，就是尊重学生个性的独特性、差异性的课堂；追求自由的课堂，就是尊重学生心灵的自由、思想的自由、感情的自由；体现平等的课堂，就是让学生在平等的氛围中感受平等并学会平等相待的课堂；倡导宽容的课堂，就是善待他人不同观点的课堂；讲究妥协的课堂，就是勇敢地接纳学生观点中合理因素的课堂；激发创造的课堂，就是培养学生创造精神的课堂。

68. 创造教学的诗意

教师心中装满快乐，教学中便充满了诗意；教师心中装满阳光，便会诗意地享受教学；教师心中装满学生，便会不断创造教学的诗意。

[诠释]

诗意，本意是指诗人用一种艺术的方式，对现实或想象的描述与自我感受的表达。在现实生活中亦指像诗里表达的那样给人以美感的意境。

①教师心中装满快乐，教学中便充满了诗意。教师的诗意，是教师来自内心深处的精神感受，是教师内在修养的自我流露。要使学生快乐，教师首先要快乐，唯有快乐的教师才能创造快乐的教育。快乐是一种心情，是一种自然的、积极向上的心态。教师要在平凡的工作中寻求快乐，要在繁忙的教学中寻找快乐，打造诗意的课堂，享受着作为教师的快乐。

②教师心中装满阳光，便会诗意地享受教学。教师的诗意，在于能真切感受到工作的价值和意义，感受到教师职业的成就感和幸福感。罗曼·罗兰说过，“要

撒播阳光到别人心中，总得自己心中有阳光”。教师的心中装满阳光，哪怕只是小小的一片，却可以照亮整个校园；哪怕只是微微的一点，却可以温暖整个教室；哪怕只是轻轻的一瞥，也可以打开学生的心扉。教师的心中装满阳光，等待我们的必然是辉煌灿烂的明天。

③教师心中装满学生，便会不断创造教学的诗意。教师的诗意，最终是投映到自己的课堂教学中去，展现在学生的面前，让课堂奏响师生诗情画意的生命乐章。教学是唱给教师的歌，是教师所吟诵的诗，也是教师诗意地工作，使学生个性飞扬，使课堂生动鲜活。教师不但要向学生传授知识和技能，而且要发展学生的认知、情感和行为，把教师心中的“真、善、美”投映到学生的心中，成就自己的最美课堂。

69. 营造积极的课堂气氛

在课堂上，教师要营造积极的课堂气氛。教师高高兴兴地教，学生快快乐乐地学。实现活跃与恬静的统一、热烈与凝重的统一、宽松与严谨的统一。

［诠释］

活跃的课堂气氛，是提高学生学习效率的重要因素。在教学中，教师要营造积极的课堂气氛，需做到：活跃与恬静的统一，活而不滥；热烈与凝重的统一，闹而不乱；宽松与严谨的统一，松而不散。这样使教师教的主导作用和学生学的主体作用得到和谐的统一。

激发学习兴趣，是营造积极型课堂气氛的主要途径；投入积极情感，是营造积极型课堂气氛的必要条件；树立良好的威信，是营造积极型课堂气氛的重要基础。

70. 教师的情感本身就是一种情境

在课堂上，教师的情感本身就是一种情境。教师自己没有被真情所打动，就无法激起学生情感的互动；教师自己没有被真情所感动，就无法引起学生情感的共鸣。

[诠释]

课堂情感教学既是学生更好的认知手段，又是培养学生高尚情感的途径。教师情感的亲切功能，能促进学生身心健康的发展；教师情感的激发功能，能影响学生情感个性的成长；教师情感的理解功能，能引起学生心灵上的共振；教师情感的转移功能，能增强学生智力活动的兴趣；教师情感的内化功能，能建立学生效法楷模的样板。

如果教师自己没有激情，就无法激起学生的感情。教师只有自己先被感动，讲课才会真切，才会引起学生感情的共鸣。教师只有拥有真情实感，才能生发出好的教学情境。从某种意义上说，教师的情感本身就是一种情境。

71. 教学效益取决于学生

教学效益，不是指教师教得认不认真，而是指学生学得好不好；不是取决于教师教多少知识，而是取决于学生学多少知识。

[诠释]

教学效益，就是学生的学习收获与教学活动量在时间尺度上的量度。关注教学效益，要求教师要有时间与效益的观念。教师不能简单地把“教学效益”理解为“花最少的时间教最多的知识”，教学效益不取决于教师教多少内容，而是取决于学生在单位时间内的学习效果，要看“花最少的时间学最多的知识”。这就需要每一个教师要不断地反思自己的日常教学行为：我的教学效率高吗？有没有比我更有效的教学？教师只有不断反思自己的教学行为，并不断改进自己的教学方法，才有可能取得较好的教学效益。

72. 不能忽视对学生“说”的能力的培养

在教学中，不能忽视学生口头语言表达能力的培养。教师要给学生提供“说”的内容，创造“说”的机会，提高“说”的方法，激发“说”的兴趣，丰富“说”的形式，以培养学生“说”的能力。

[诠释]

当今社会，人与人之间交往日益密切，善于说话在人们的日常生活、学习和工作中显得尤为重要。提高学生“说”的能力，不仅有利于提高语言能力，还能提高思维的敏捷度和应变能力，对提高交际能力，培养良好的人际关系，也有积极的作用。因此，教师应该把学生“说”的能力的培养当作一个重点来抓，使之贯穿于教育教学的各个环节中，有意识地培养学生说话的能力。

诚然，培养学生的说话能力，是语文教师义不容辞的责任，但其他学科也不能忽视。教师要创设良好的氛围，激发“说”的欲望，鼓励学生说；要利用课堂阵地，实施“说”的训练，训练学生说；要搭建多彩平台，丰富“说”的形式，强化学生说。只要教师给学生创造“说”的机会，学生有了“说”的兴趣，脑子里有了“说”的内容，掌握了“说”的基本方法，就能不断提高学生口头语言表达能力。

73. 课堂教学是教师、学生和教材之间的“对话”

课堂教学，是教师、学生和教材三者之间的“对话”。课前，教师要和教材“对话”，把教材读懂；进入课堂，是在教师的组织下，引导学生和教材“对话”。

[诠释]

课堂教学，是教师、学生和教材三者之间的“对话”。课前，教师要和教材“对话”，把教材读懂，掌握好。教师在备课这一环节要认真钻研教材，继而深化教材，最终实现超越教材。第一，从编者的角度钻研教材。浏览粗析教材，整体把握全册教材思路；深究细研教材，整体把握教材每一课的内容；纵览全册教材，找出贯穿全书的主线，把握各单元、各章节内容的内在联系，形成对教学内容的整体认识。第二，从学生的角度钻研教材。像学生一样阅读教材，读准每个字，推敲每个词，体会每一句话，背景了解要宽，内容理解要深，要像学生一样提出问题，边读边想。第三，从教者的角度钻研教材。抓住两个统一，即编者与教者的统一、编者与学者的统一。

进入课堂，则是三者的对话，更多的是在教师组织、引导下，让学生和教材“对话”。学生一边阅读教材，一边提出问题。当学生提出的问题在教材中找不到答案，即教材回答不了时，教师再进行点拨。这时，教师关注更多的不再是教材，而是学生。

74. 讲重点要提醒，讲难点要重复

在课堂上，当讲到重点部分时，一定要提高声音，给注意力不集中的学生提个醒；当讲到难点部分时，一定要适当重复，给理解力不太好的学生补个漏。

[诠释]

教师的教学必须把握教材的深度，突出重点，突破难点，切忌平均使用力量。重点、难点是教学上的高潮，必须用重锤敲打；非重点、难点是教学上的低潮，可用和风吹拂；如果难点多而集中，则要想办法分散难点，使重锤敲得错落有致，这样才能有效地刺激学生，使教学高低起伏、节奏分明。

在课堂上，当讲到重点部分的时候，教师要稍作停顿，提醒大家注意，声音也可适当提高一些，以引起学生的关注；当讲到难点部分时，教师要语速放慢，适当重复，多给学生留出思考的时间。

75. 高效课堂“五要素”

目标的准确把握是高效课堂的前提，教材的合理使用是高效课堂的基础，教学方法的灵活多样是高效课堂的途径，教学过程的有效调控是高效课堂的关键，课后的及时反思是高效课堂的推动力。

[诠释]

①高效课堂的核心问题，就是课堂教学要追求最高效率与最大收益。教学目标既是课堂教学的起点，也是课堂教学的归宿，更是确保课堂教学高效性的重要前提。因此，教师要根据教学实际，确定准确的教学目标。

②教材只是教师教学的一个重要依据，需要教师对教材进行准确的分析把握，需要根据学生的具体情况对教材进行合理的加工、改造，重组出具有迁移性、思考性、符合学生认知水平的教学内容。因此我们要树立“用教材去教，而不是教教材”的观念，变“死教”教材为“活用”教材，提高课堂教学的高效性。

③教学方法是教师为实现教学目标、完成教学任务，依据教学内容而采取的方法。教学方法的选择必须与教学目标、教学内容、学生特点以及教师个人风格灵活地结合起来。

④高效课堂要唤醒学生已有的经验，把学生已有的知识经验作为新知识的生长点，引导学生“生长”新知识；要给学生独立思考的时间，思考是推进高效学习的内部动力。要捕捉有效的新生成的资源，并进行调控，提高资源的高效利用。

⑤大部分教师重视课堂教学的前期准备，却往往忽视课后的反思与总结。教师及时总结和反思课堂上的得与失，恰恰是高效课堂不可忽视的推动力。

76. 教师课堂站位有讲究

站稳三尺讲台；轻慢巡回走动；融入学生“堆”中；不挡学生视线；站在学生身侧；台下一旁提醒。

［诠释］

①对重点内容讲解时，教师要站稳三尺讲台，通常要站在讲台中央。讲解过程中除口头语言有轻重缓急外，还要辅以必要的形体语言。当重点内容书写于黑板上时，教师的身体应尽可能接近内容，以侧身位站立，头部面向学生，并借助手势，使学生的注意力集中。

②学生自主读书时，教师应巡回式地了解学生的一举一动，这样做既能掌握学生的情绪波动，也能调配课堂时间，同时，还能及时提醒那些“开小差”“做小动作”的同学。为避免学生把有限的注意力集中在教师身上，教师要做到动作轻、缓、慢，以不打扰学生的自主学习为优。

③当与部分学生交流时，教师要走进学生中去。这样，部分学生被“圈”进教师的“视力范围”，可能会使学生们异常地积极，从而产生最佳的教学效果，

同时，教师也要注意不宜时间过长冷落其他同学。学生小组合作交流时，教师要远离讲台而融入学生“堆”中，随时了解小组的讨论情况，甚至参与学生们的讨论。在参与某个小组研究活动时，教师应俯下身子使自己的视线与学生视线处于同一平面，使自己和学生处于同等地位。

④让学生看多媒体课件时，教师要站在大屏幕两侧或第一张课桌的两边，不要遮挡学生看大屏幕的视线。板书时，很多教师习惯背对学生进行板书。这样，教师将板书遮住，不利于学生看到板书的过程。尤其是对于小学生来说，写字是他们的学习重点内容，一旦教师把板书的字遮住，学生就不能看到教师板书的笔顺、笔画以及字的间架结构等。因此，教师在板书时，最理想的姿势是侧身板书。

⑤学生在讲台前展示时，教师可以站在学生身侧。这样不仅可以保证全体学生的注意力集中，而且有利于教师适时、适度地介入。

⑥当学生提出问题或回答问题时，教师应该站在讲台下边的一侧并面向提出问题或回答问题的学生。当学生个体提出问题时，或与学生个体进行交流时，教师应尽量避免与学生个体距离过近，这样容易使提出问题的学生产生“压抑感”，不利于学生能力的发挥，同时也容易使其他学生游离于问题之外。因此教师遇到这种情况时，可以站在讲台下的一侧，并用眼睛余光提示更多的学生参与到问题的思考中。

77. 从小课堂走向大课堂

关注教学生成的大课堂；
关注学科融合的大课堂；
关注资源运用的大课堂；
关注社会生活的大课堂。

[诠释]

学校课堂教学的根本目的是教会学生掌握学以致用的“本领”，因此必须打破以学科为界限、知识技能为绝对内容、教师传授为主要途径的“小课堂”，逐步走向关注课堂生成，运用信息技术，创设学习情境，联系社会生活的“大课堂”。

①关注教学生成的大课堂。有价值的教学生成是课堂教学最为宝贵的财富，

也是教师奋力追求的目标。教师一要充分考虑预设与生成的内在关联，使预设成为生成的基础；二要锤炼洞察与调控生成的能力，及时捕捉有价值的课堂生成；三要合理利用生成性成果，助推教学价值的升华。

②关注学科融合的大课堂。教师应该在承认学科差异的基础上不断打破学科边界，设计学科间相互渗透、相互交叉的活动，并运用于课堂教学中。学科融合既是发展的趋势，也是产生创新性成果的重要途径，又是呈现大课堂的实践模式之一。单科教师可重点在练习设计、活动设计和作业设计等方面尝试运用，以加强学科间的互通效应。

③关注资源运用的大课堂。现代的课堂教学不再是一支粉笔、一本教材“走天下”了，各种现代教育技术、网络资源、媒体资源和实物资源正逐步成为课堂教学的重要组成部分。教师应结合教学主题，科学筛选、合理利用资源，使其成为课堂教学的辅助内容与技术手段，使课堂更生动、更贴近现代生活。

④关注社会生活的大课堂。学生在课堂中所学的知识与能力，最终需要在社会的大课堂中得到检验。因此，在课堂教学中教师应该有意识地适当将学科知识与社会生活相结合，并引导学生学习如何运用课本知识解决实际问题，使学生提前融入社会的大课堂。

78. 教学的语言艺术

教师的课堂教学语言，要确切明白，要简洁通俗，要风趣幽默，要形象优美。

［诠释］

教学语言是教师进行课堂教学最主要的工具，也是连接教与学的主要媒介。教师在运用课堂教学语言时要尽力做到“四要”。

①要确切明白。课堂教学语言确切明白，是指语言要符合科学性，具有逻辑性，不要含糊不清、模棱两可。

②要简洁通俗。课堂教学语言简洁通俗，是指语言必须干净利索，尽可能地接近生活，使概念形象化、具体化。课堂教学语言艺术看似平常，实则不然，它与教师的文学功底、艺术修养、社会阅历、气质秉性等密切相关，恰当使用，魅

力无穷。把简单的问题讲得纷乱复杂，把通俗的问题讲得精深玄妙，是课堂教学语言之大忌。

③要风趣幽默。课堂教学语言风趣幽默，是指教学语言的表达应引起学生浓厚的兴趣，促进学生智力的开发，起到调节课堂气氛的作用。课堂教学语言要风趣而不失严谨，要诙谐而不失内涵，要幽默而不失优雅。

④要形象优美。课堂教学语言形象优美，是指教学语言的直观性和启发性。课堂教学要重视语言的形象生动，以此来激发学生的兴趣，唤起学生的联想，提高学生的想象力。

79. 让“亮点”点亮课堂

课堂讨论有“沸点”；
学生展示有“观点”；
教师点拨有“燃点”；
学习收获有“凝点”。

［诠释］

好的课堂应该是有亮点的课堂，课堂教学的亮点，是课堂中最出彩、最引人深思或最吸引学生目光之处。亮点之处，学生的精神高度集中，全身心沉浸于学习之中，这样的课堂才有灵性，这样的课堂才是高效的课堂。

①课堂讨论有“沸点”。好课不是一言堂的课，而是学生积极思考、积极讨论的课。只有让学生动起来，课堂才能活起来。在课上教师必须引导学生进行热烈的讨论、激烈的辩论。教师要设计一些问题，想方设法把课堂“搅乱”，让学生讨论达到沸点，使课堂沸腾。讨论到达沸点的课才是有亮点的课。

②学生展示有“观点”。学生展示是课堂中必不可少的环节，它既是学生讨论后的成果汇报，又是学生个人素质的集中体现。学生在展示时必须要有小组观点，要有个人鲜明的观点，要有自己独到的见解，包括方法总结、新发现、新感悟等。学生有自己独特观点的课才是有亮点的课。

③教师点拨有“燃点”。学贵有疑，贵在释疑。在课堂上，教师的角色就是点拨疑问。在学生解决不了的情况下，教师的点拨应该有引爆剂之功，有四两拨

千斤之效。教师应该运用关键的字和关键的词进行点拨使课堂达到燃点，进而引爆课堂。点拨达到燃点的课堂才是有亮点的课堂。

④学习收获有“凝点”。凝点就是凝结点、凝固点。学习收获有凝点就是指一节课下来要有收获。学生有生成，教师有收获，听课者有启发。有凝点的课堂才是学有所获的课堂，才是令人享受的课堂，才是难以忘怀的课堂，当然也是有亮点的课堂。

80. 课堂教学“三原则”

一堂好课，要坚持三条教学原则：以学生为本，以训练为主，以鼓励为主。

[诠释]

①以学生为本。时间是学生的，空间是学生的，是学生在学习，因此，学生理应是学习的主体。教师是为学生服务的，是配角，千万不能互换角色、本末倒置。

②以训练为主。学生要掌握一门知识，必须通过无数次的训练。本事是学生“练”出来的，绝不是教师“讲”出来的。

③以鼓励为主。课堂上学生出现差错、产生困难是十分正常的，教师不要挖苦、讽刺，要多给学生鼓励与帮助。鼓励学生不仅是一种手段，也是一个教师修养的具体体现。

81. 课堂上规避的“四不”现象

课堂上，教师要规避舍不得、等不及、放不下、闲不住四种现象。

[诠释]

要想让教室变成“学室”，让学生成为课堂真正的主人，教师必须规避以下几种现象：

①舍不得。教师舍不得自己对文本秘密的发现，舍不得自己提供的精彩答案，舍不得自己的精心预设。教师不“舍”，学生就没“得”。教师要让学生自己去发现文本的秘密，为学生的发现而鼓掌，要引导学生自己从说得不精彩到精彩，

要把课堂上的生成当作宝贵的教学资源。

②等不及。教师等不及学生的自主学习，等不及学生的充分讨论，等不及学生的充分展示，等不及学生的咀嚼消化……诸多的等不及，说到底是以师为本、以教为本的思想观念在作怪。

③放不下。教师放不下自己的“师道尊严”，放不下自己的讲台。教师视讲台为生命，享受在讲台上滔滔不绝地讲解，全班学生睁大眼睛注视着、倾听着，即使有学生不想听、不在听，教师还是要把想讲的坚持讲完。教师放不下，学生成绩就上不去。

④闲不住。课堂上，教师闲不住，课堂成了教师的独角戏，学生则成了观众、看客。久而久之，教师这种过分、不恰当的勤，造就的学生必然是懒惰、被动的。所以，为人师者要学会偷懒，以充满智慧的“懒师”培育出独立、自信、智慧的勤学生。该说的少说，不该说的别说，把时间多留一点给学生。教师“懒”了，学生勤了；教师“懒”了，课堂活了；教师“懒”了，效果好了。

82. 构建“四有”课堂

充满了智慧——有文化；
充满了灵动——有思想；
充满了情趣——有情感；
充满了诗意——有艺术。

[诠释]

教育的主要功能是向下一代传承人类几千年光辉灿烂的文化，教师理应成为文化人。有文化才有底蕴，有底蕴才有底气，有底气在课堂上才有灵气。教师是学生人生道路上的思想导师，教师应用自己思想的火种去点燃学生思想的火把。有思想的教师要引导学生去思考人生、思考科学、思考社会、思考未来。教学是富有情感的活动，课堂教学的全部活动都要贯穿一个字——“爱”，教师要热爱教育事业，热爱学生、尊重学生。教学是一门科学，也是一门艺术。教师要把教学当作艺术，而不能仅仅看作一项技术。

有文化、有思想、有情感、有艺术的教师才能成为教育大师，大师的课堂充满了智慧，充满了灵动，充满了情趣，充满了诗意。大师传递给学生的是一种精神，包含有人文精神和科学精神。他们从不过于功利，也不过于舍本逐末。

83. 课堂讨论“五字经”

精——精选讨论好话题；
巧——巧定思维引爆点；
深——启用纵深启发语；
全——全员参与讨论中；
协——分工协作促交流。

［诠释］

①精——精选讨论好话题。讨论话题是决定课堂讨论是否有效的重要因素。不是所有的问题都可以拿来在课堂上讨论，不是所有讨论都能收到良好的效果。在选题时，教师要考虑讨论话题理解度的难或易、涉及知识范围的宽或窄、本身内涵的深与浅以及结论的开放与封闭。选择讨论话题要注意话题的必要性、适宜性和开放性。

②巧——巧定思维引爆点。精选讨论话题后，还要确定话题的引爆点。引爆点要既能抓住要害，又能激发学生讨论的兴趣。确定讨论引爆点时要注意：引爆点要小、要巧、要绕。所谓绕，就是引爆点不能直奔主题，而是要让学生在讨论中曲径通幽，体会到发现之乐、含蓄之美。

③深——启用纵深启发语。学生讨论时，教师不要完全放手，而要相机点拨。纵深性启发语是学生能否深入讨论的关键。在讨论中，学生随时都会有新问题的生成，如果这些问题得不到及时引导和解决，那么往往会阻碍课堂讨论的顺利开展。教师在课堂讨论中，重点是把握方向，引导深入。纵深性引导包括讨论方向上的纵深、思维品质上的辩证、表述维度上的严谨等。

④全——全员参与讨论中。教师让学生在课堂上讨论，并不是让几个优生或少数学生在课堂上积极表现，而应是全体学生的参与。在讨论中，教师能否调动最大范围的学生参与其中，是讨论成功与否的标准之一。教师可以采用组织者的轮值制、讨论者的分工制、学困者的扶助制等。

⑤协——分工协作促交流。在讨论中教师要给学生提供有效的协作交流的机会，引导其增强合作意识，同时要让学生学会用心聆听，学会相互尊重，学会适时发言。

84. 教学情境创设“五忌”

忌忽视目标，生硬联系随意创设；
忌舍近求远，过分追求标新立异；
忌故弄玄虚，片面注重热闹场景；
忌滥用多媒体，过于强调感官刺激；
忌有头无尾，单纯重视开门导入。

［诠释］

①忌忽视目标，生硬联系随意创设。任何教学活动都应该以教学目标的达成为起点和归宿，情境的设计是课堂教学中教师引领学生达成教学目标的重要手段和载体，使用恰当的情境能唤起学生已有的知识经验和认同策略来同化和顺应新知，为学生解决问题开好头。所以，情境的设计应紧紧围绕教学目标，千万不要生硬联系，随意创设。

②忌舍近求远，过分追求标新立异。教学情境应是知识产生和使用的具体环境。教学情境应高于生活，但应以学生的现实生活为基础。教学情境与学生生活贴得越近，教学内容就越鲜活。因此，教师要为学生提供熟悉的、生动的典型素材作为探究学习的情境。然而在创设教学情境时，部分教师摒弃学生身边活生生的现象，存在舍近求远的做法。

③忌故弄玄虚，片面注重热闹场景。创设教学情境的基本着眼点是学生身心的和谐发展和主动发展。它以激活学生的思维为核心，通过贴近生活实际的语言、实物、操作情境的创设，巧妙地把教学内容融入实际问题的解决之中，促使学生逻辑思维与形象思维协调发展，提高学生的思维品质。然而在实际教学中却存在着故弄玄虚、只重热闹、忽视学生的发现与自身体验的做法。

④忌滥用多媒体，过于强调感官刺激。而今多媒体技术的发展对改变和优化教师的教学方式产生了重大影响。在教学中教师利用多媒体技术来呈现问题背景

资料，引发学生问题意识，效果颇为显著，尤其在公开课等教学活动中教师使用多媒体的频率很高。于是在教师中出现了一个片面认识，认为创设情境一定要用多媒体手段，否则就不是一节好课。

⑤忌有头无尾，单纯重视开门导入。教学情境是教师为学生学习新内容提供研究分析的典型素材，应贯穿教学过程的始终，凭借探究让师生在素材中发现真实的问题，分析具体的生命现象，完成对教学内容的学习。然而，在实际教学中，教学情境在整个课堂教学过程中，往往只是单纯地起到导入新课的作用，或者仅是将新旧知识衔接起来，并没成为学生探究的对象。

85. 课堂教学“六度”

复习铺垫要“高效度”；导入新课要“强力度”；传授知识要“参与度”；巩固练习要“多角度”；课堂总结要“高浓度”；课外作业要“适量度”。

［诠释］

①复习铺垫要“高效度”。在每节课开始时，教师通常以复习与新课有密切联系的旧知识做铺垫，这样便于学生在“温故”的基础上“知新”，以“旧知”为“新知”铺路搭桥。学生的求知欲被点燃了，他们不但巩固了旧知识，而且由此产生了探索新知识的乐趣，为新课做好了铺垫。

②导入新课要“强力度”。兴趣是激发学生进取的重要心理因素。新课的导语只有像磁铁一样牢牢吸引学生的注意力，才能拨动学生思维之弦，使学生产生强烈的求知欲望和高涨的学习热情，为课堂教学营造良好的氛围。新课导入的方法是多种多样的，有设问导入、谜语导入、举例导入、故事导入和讨论导入等。古语说：“学患无疑。”如果教师在课堂中善于设疑，那么就能促使学生积极思考，使学生产生疑问、好奇、求知心理，进而培养学生的思维能力与探索意识。

③传授知识要“参与度”。传授新知识是整节课的中心环节，而课堂教学是师生的双边活动，双方必须共同参与，相互配合，才能获得成功。如果要增强参与度，那么教师在课堂上要想方设法加强学生的参与意识，通过运用多种教学方法，让学生充分调动各种感官，由此调动他们的积极性、主动性和创造性，使外部的学习活动逐步内化为自身的智力活动，促进知识和能力的协同提高。

④巩固练习要“多角度”。首先，练习的设计要目的明确，要通过各种形式的练习，帮助学生打牢基础，尽量使各层次的学生都能“吃得饱”“消化好”；其次，练习的题目要新颖，力求形式多样；最后，习题的难度要适当，练习要适量。

⑤课堂总结要“高浓度”。教师要提纲挈领地归纳总结，给学生以精要、深刻的印象，起到帮助学生整理思维、加深理解、巩固记忆的作用。

⑥课外作业要“适量度”。教师给学生留作业，是教学不可忽略的重要环节，但盲目地留作业是有害的，是不可取的。因而教师在设计学生作业时要有代表性，数量要适中，要有利于发展学生的思维，要保证质量，讲求实效。

86. 板书设计更是一门艺术

板书不仅仅是教学手段，也是一门科学，更是一门艺术。好的板书，应是实、精、新、活、美的和谐统一。

［诠释］

板书又称微型教案，好的板书能吸引学生的注意力，加深学生对所学知识的理解和记忆，给学生以美的享受。教师漂亮、规范的书写能激发学生的学习欲望，加深其对所学知识的记忆。长期以来，我们一直把板书视为实现教学目的的一种手段，其实板书不仅仅是手段，也是一门科学，更是一门艺术。

板书是教学手段，是实现教学目的的必要途径，因而“实”（实效性）是衡量板书优劣的根本原则；只有在“实”的基础上，才可以求“精”（概括性），要以尽可能少的文字或符号传递尽可能多的信息；在现代教学中，板书也是对学生进行创造能力培养的有效途径，因而在板书设计上应突出一个“新”（创造性）字，体现一个“活”（灵活性）字；借助板书进行美育渗透比其他形式更为直观，教师应充分发挥板书“美”（艺术性）的教育审美功能。“实”与“精”是板书的第一层次要求，“新”与“活”是板书的第二层次要求，“美”则是板书的最高层次要求。

教材是板书设计的基础，板书设计的成功与否，从根本上说取决于教师对教材的理解。但教师的主观意识在板书设计过程中的作用也极为重要，教师应尽可能发挥自己的特长，这样才会使板书设计更加丰富多彩，更具特色魅力，也更有艺术价值。

87. 课堂板书“八要点”

课前设计，心中有数；计划周密，合理布局；
有的放矢，有实有虚；正确工整，讲究美感；
画龙点睛，提纲挈领；讲写结合，速度适宜；
图文并茂，生动醒目；引人深思，激发兴趣。

［诠释］

①课前设计，心中有数。不少有经验的教师在深入钻研教材、认真备课的基础上，结合本班的学生情况，在上课前设计一个切实可行的“板书提纲”小样，贴在教案的后面。上课时，教师对板书内容心中有数，使讲解与板书相得益彰，教学效果才会更佳。

②计划周密，合理布局。板书的一般“模式”是把黑板分为主体部分和辅助部分。主体部分作讲授教材内容的系统板书之用；辅助部分可灵活机动，常用作书写需要提示的字、词、概念和与本节课有关的旧知识之用。若计划周密，一般情况下，课堂上不擦也够用，做到一堂课一黑板，黑板写满了，课也结束了。下课后，别人一看黑板，就能知道这节课所授知识体系的内在逻辑结构和教学过程，一目了然。

③有的放矢，有实有虚。板书属于对教材补充的内容，要通过教师较为完整系统的板书，使学生便于抄写。另外，还要做到有实有虚，虚实结合。有些内容需要一字不漏地板书出来；有些内容则不必板书，使其省略隐现在板书之中，让学生凭借教师的讲述去领会或通过对前后文的理解推导出来，这样既节省了时间，又有利于培养学生记笔记的能力。

④正确工整，讲究美感。所谓正确工整，就是写字要规范，不写错别字，笔顺要正确，书写要清楚、美观、整齐。汉字是方块字，讲究间架结构、气势神韵。教师板书时要照顾到每个字的重心、平衡、统一、对称、协调和呼应等因素。这样才能适应学生的视觉，给学生视觉上以美感和快感。

⑤画龙点睛，提纲挈领。如果板书书写过多或太杂，就会使整个黑板出现开杂货铺的现象，教师不胜其苦，学生不胜其烦，效果甚差。板书与讲课一样，贵在“少而精”。板书要做到“少书”“精书”，要书在点子上，书在关键处，起

到“画龙点睛”“提纲挈领”的作用。

⑥讲写结合，速度适宜。在课堂教学中，根据教材和课型不同，教师应分别采取先讲后写、先写后讲或边讲边写的方法，要善于把握时机，使自己和学生的双边教学活动配合默契。教师如遇一些难懂的叙述较长的定义，可先板书然后再逐字讲解；对于一些较易的知识，则可先归纳或推导，然后板书。

⑦图文并茂，生动醒目。在课堂教学中，教师不仅要板书文字、公式和符号，而且还要画图。那些线条明快、简练的图形，配以简明扼要的文字说明，可以加深学生对知识的理解。

⑧引人深思，激发兴趣。板书有利于发展学生智力，独具特色，引人深思。

88. 让课堂小结精彩起来

回望：是否达到教学目标；
对比：做好新旧知识链接；
浪漫：激励学生为之向往；
设悬：请听下一堂课分解。

［诠释］

①回望。即根据本节课的教学目标，在课堂小结时进行回顾，该补充的补充，该强调的强调。

②对比。即和已学的知识产生链接。教师可以采用列表比较的方法加以对比，使学生温故知新，加深对知识的理解。

③浪漫。在课堂小结时，教师把所学的重点内容归纳整理成几句浪漫的有韵律的词语或富有诗意的短句，会让每个学生记忆深刻。

④设悬。课堂总是要结束的，但是学习还在延续。教师怎样做到让学生在课堂之后仍然保持学习探究的热情呢？课堂结尾设置一个悬念，就是一种有效的方法。

课后辅导篇

课后辅导是教学工作的重要环节之一，是课内教学的辅助、补充形式。本篇课后辅导智慧主要有：

知识的落实一半在课外。要找准辅导对象，选准辅导方式，有的放矢，因材施教。用“心”辅导好每一个学生。辅导每一个学生要求实绩、讲实效。

家庭作业是学生进行课外学习的一种重要形式，其内容要有针对性，忌机械重复；要求要有层次性，忌统一标准；设计要有灵活性，忌死题偏题；评价要有多元性，忌一元评价。教师批改作业要蕴含感情，认真仔细，及时反馈，因人而异，创出新意。

背诵课，也是中小学教师常见的一种课型。教师要明确背诵目标，确定背诵内容，灵活背诵形式，检查背诵质量。

89. 课后辅导“四要”

课后辅导要有的放矢，要找准对象，要选准方式，要因材施教。

[诠释]

①要有的放矢。课后辅导并非简单将课堂延伸到课外，或只是给部分学困生“开小灶”，而是教学过程的有机组成部分。教师要做好课后辅导工作，必须深入了解学生，进行调查研究，全面掌握和认真分析每个学生的学习和思想状况，做到有的放矢，对于不同层次的学生应该使用不同的方法。

②要找准对象。课后辅导的对象，应该既有学习困难者、学习障碍者，又有学有余力者和因故缺课者。而课后辅导的内容则应该包括：给学生解答疑难问题；对学习有困难的学生给予有针对性的帮助；对因故缺课的学生及时补课；对学有余力的学生提优；对学生进行学习目的、学习态度以及学习方法的教育。

③要选准方式。课后辅导大多采用以下三种方式：第一，个别辅导。因为每个学生的学习情况都不尽相同，所以个别辅导是教师采用最多的方式，也是最有针对性、最行之有效的方式。第二，小组辅导。有时一部分学生会出现共性的错误或问题，此时教师如果进行个别辅导则会费时费力，而进行小组辅导就可以一次性解决同类问题。第三，集体辅导。如果教师发现全班大多数同学都出现了相同的问题时，就应该进行集体辅导，这样可以快速地一次性解决此类问题。集体辅导要控制次数和时间，防止变相地增加课时，加重学生的学习负担。

④要因材施教。课后辅导还需注意若干细节：一是辅导时机的掌握。教师在进行课后辅导时，尤其是对学困生的辅导时机要恰到好处。因为学困生大多对学习有一定抵触情绪，若是教师一味地占用他们的课余时间，就很有可能不但达不到辅导的效果，而且会引起他们的反感。二是辅导必须因材施教。针对不同层次的对象要注意辅导的角度、深度和广度。三是要坚持以正面教育为主。融洽的师生关系是辅导工作顺利开展的催化剂，教师对学生进行学习目的、学习态度的教育时，应多些鼓励，及时肯定学生的点滴进步，多关心了解学生，做他们的知心朋友。

90. 个别辅导“五要点”

精挑细选作业；
作业当堂完成；
及时做好记录；
当面辅导提升；
发挥助手作用。

[诠释]

中小学生之间存在着个体差异，要想全面提高学习成绩，教师对学生进行个别辅导也是教学中不可缺少的一环。

①精挑细选作业。教师在布置作业时要做好“功课”，要预先精选所布置的作业，要针对当天或近期的学习进程和学生的学习情况布置作业，一定要有针对性。

②作业当堂完成。教师在个别辅导课上要尽量压缩讲课时间，以便留有充裕的时间让学生在课内完成作业。待学生们作业完成以后，教师首先当堂公布正确答案，让学生自我批改，及时发现作业中的错误；其次对做错题的学生再进行辅导，把错误问题消灭在课堂内，有效弥补学生知识的缺漏。

③及时做好记录。针对学生每天作业中出现的问题，教师要及时做好记录，并将发现的问题进行分类和筛选。如果是共同存在的问题，教师可以在课堂上集中解决，而个性问题则最好是个别辅导。

④当面辅导提升。教师面对面对学生个别辅导时，要尽量做到有的放矢，有针对性地讲解，抓住主要矛盾，当面讲清问题所在，让学生满意。

⑤发挥助手作用。教师要充分发挥小助手的作用，将 20% 的学困生和班上学习成绩好的学生结成互帮互助小组，由这些小助手督促学困生按时保质完成学习任务，从而保证每个学生都不掉队。

91. 用“心”辅导好每一个学生

用“心”备好每一节课，追求课前卓越；
用“心”上好每一节课，追求课堂卓越；
用“心”辅导每个学生，追求课后卓越。

[诠释]

教师教学贵在用“心”。

①用“心”备好每一节课，追求课前卓越。教师既要用“心”撰写教案，精心设计，突出特色，又要用“心”制作课件，注重效果，突出重点。

②用“心”上好第一节课，追求课堂卓越。教师一要用“心”讲课，创造情境，充满激情；二要用“心”授课，教法灵活，因材施教；三要用“心”探究，活用教材，升华教材。

③用“心”辅导每个学生，追求课后卓越。教师不仅要用“心”指导，让学生学会“四会”，即会记、会思、会写、会用，注重能力的培养，而且要用“心”辅导，辅导学生综合探究，注重实践活动。

92. 教学环节要突出“实”字

教师的教学环节要突出“实”字：“实”为备课之根本，“实”为上课之灵魂，“实”为辅导之捷径。

[诠释]

①备课是全部教学工作的基础，也是上好课的前提和关键。备课要坚持从教材的实际出发，从学生的实际出发，从课堂教学的实际出发，这是备好一节课的根本要求。

②上课是教师向学生传授知识、提高能力、开发智能的重要手段，是教学过程的灵魂。因此，教师上课要求真务实，扎实严谨，立足实际，注重实效。

③课后辅导也是教学的重要环节，它包括指导学生课后复习和对学生的个别辅导。教师无论是辅导每一节复习课，还是辅导每一个学生，其捷径就是求实绩、

讲实效，做到实实在在复习，扎扎实实辅导，以提高课后辅导的高效性。

93. 知识的落实主要在课外

知识落实的主阵地不仅在课内，而且在课外。若课堂教学有方，而课外落实无力，那将收效甚微，甚至前功尽弃。

［诠释］

教师上好课不是最主要的，如何把知识落实到学生的大脑里才是最主要的。即使教师讲得再好，知识点不落实，学生掌握不了，课堂效率为零，那也是一场无人喝彩的表演。因此，课堂教学的最后一个环节，就是要加强知识点的落实与巩固。

知识落实的主阵地不仅在课内，而且在课外。在课外，学生可以通过小组长来检查落实，可以通过同桌互查的方式落实，也可通过教师课外辅导加以落实，或者通过下节课前教师提问来落实，还可通过家长的配合进行落实。如果教师的责任心强、办法多，就会落实到位，学生的成绩就会巩固和提高。若课堂教学有方，而课外落实无力，那将收效甚微，甚至前功尽弃。

94. 布置家庭作业。“四要四忌”

内容要有针对性，忌机械重复；
要求要有层次性，忌统一标准；
设计要有灵活性，忌死题偏题；
评价要有多元性，忌一元评价。

［诠释］

家庭作业是学生进行课外学习的一种重要形式，恰当地布置家庭作业，能够帮助学生巩固课堂知识，培养独立自主的学习习惯，促进课内外衔接和家校联系，提高学生的综合实践能力。然而，如果教师布置不当，就会加重学生的课业负担。

①内容要有针对性，忌机械重复。中小学家庭作业普遍存在以下问题：一是重复，即一道题反复做，不论会与否，孩子感到索然乏味，心中抵触；二是量大，即每次写作业学生得“废寝忘食”才能勉强完成，令他们“望题兴叹”；三是统一，即不管学生成绩好还是差，统统“一刀切”，学生有苦难言。因此，教师布置家庭作业时，所选内容要突出针对性，要针对学生的年龄特点，针对学生成绩的好与差，所选内容尽量新颖，布置作业量不要过重。

②要求要有层次性，忌统一标准。家庭作业布置的难点在于很难满足不同层次学生的需求，题目过易“吃不饱”的学生因无趣而生厌，题目过难“吃不消”的学生因畏难而生怕。专为不同层次的学生分类设计作业，又会加大教师的工作量而难以实现。因此，在布置家庭作业时，采取“内容相同要求分层”的方法，既能适应各层次学生的学习需要，又给他们的自我发展留有一定的空间。

③设计要有灵活性，忌死题偏题。不少教师在布置家庭作业时，过多地考虑布置与批阅的方便，而未注意到学生的学习兴趣。有的教师惯于搬来课外题当家庭作业布置，也不考虑学生的不同需求。因此，在设计家庭作业时，教师要注意灵活性。同样的内容，灵活的设计会极大地激发学生的学习兴趣，使学生不再感到家庭作业是自己的学习负担。

④评价要有多元性，忌一元评价。家庭作业和课堂作业相比，具有明显的自主性。教师在评价时，除注重家庭作业的正确率以外，还要注意对家庭作业进行多元评价：一评自主学习，即看能否独立完成家庭作业，由家长评价；二评学习习惯，即看能否认真完成家庭作业，由家长评价；三评作业书写，即看能否做到干净整洁，由学生自评；四评参考答案，即看是否正确无误，有无创造性，由教师评价。

95. 批改作业“五要”

教师批改作业要蕴含感情，要认真仔细，要及时反馈，要因人而异，要创出新意。

[诠释]

批改作业，也是中小学教师教学工作的重要一环，故教师不可忽视对作业的批改。

①要蕴含感情。作业是学生辛勤劳动的结晶，教师在批改作业时切不可马马虎虎、敷衍了事，否则会对学生产生不好的影响。教师如能精批细改，在作业本上再写上一两句表扬或鼓励的评语，一定能提高学生做作业的热情。

②要认真仔细。不管作业量大小，教师在批改时都应认真、仔细，正确使用批改符号；批改作文时，书写更要工整，评语不可太简单。

③要及时反馈。教师应在学生完成作业后，在尽可能短的时间内向学生反馈作业情况。这样既能有效避免因错误在学生脑子里停留时间过长而打下“烙印”，又能调动学生做作业的积极性。

④要因人而异。批改作业时要针对不同学生采取不同的方法。对于学困生，为了激发他们的学习热情，教师可采用与本人纵向比较的方法，只要学生有进步，就要适当提高分数。对于成绩较好的学生，教师可打破常规，在评分中打出超过满分的高分，以起到高分激励的作用。

⑤要创出新意。教师可以巡改作业，即教师在布置完作业后，走下讲台，来到学生中间，手执红笔，边巡视学生边批改作业；也可回批作业，即教师在批改学生作业后，要求学生对教师的评语进行回批；还可轮流面批、学生互批等。

96. 作业讲评课“五个环节”

分析总结—独立改错—小组互助—集体讲评—巩固反馈。

［诠释］

①分析总结。分析总结环节相当于在新课教学前的备课环节，教师既要分析总结学生的学习，还要分析总结教师的教学。在分析总结学生的学习时，教师既要对全班学生的作业情况进行总结，还要对学生的作业进行深入的分析，要找出学生做得好的作业，以便在上课时给予及时的肯定和鼓励，也要找出普遍存在的问题，并分析其出错的原因。在分析总结教师的教学时，主要是根据学生在作业中的情况，反思在这一阶段教学中的成功之处和存在的问题，以便在后期的教学中得到提高。

②独立改错。作业讲评课就是要让学生纠正作业中经常出现的错误和知识盲点，巩固作业中出现的知识点，完善学生的知识网络，从而让学生掌握解答问题的技巧和学习方法。因此，学生的自查非常重要。教师可以先让学生独立改正自己作业中的错题，并找出其错误的原因。对于学生纠正不了的错题，教师再进行讲解点播。

③小组互助。合作学习是互相学习的过程，也是情感交流、思维碰撞、潜能发挥的过程。学生对批改的作业进行独立改错后，对于一部分尚未解决的题目，可通过小组内交流、讨论的过程互助弄懂。对于小组讨论后仍不能解决的问题，教师再重点讲解加以解决。

④集体讲评。集体讲评主要是针对学生在小组质疑中不能确定和不能解决的问题进行处理。

⑤巩固反馈。巩固反馈相当于对刚做过的作业再做一次，第一次作业检验出了学生存在的问题，第二次作业有利于进一步检验学生对本堂课的学习效果。在具体的操作中，教师可以采用灵活的练习形式，可以针对本次作业中大部分出错的题目，出一些类似的题目，再给学生布置作业；也可以结合作业讲评的知识，出一些开放性的题目让学生练习，从而培养学生善于分析和反思的学习习惯。

97. 提高背诵课的学习效率

明确背诵目标，确定背诵内容，灵活背诵形式，检查背诵质量。

[诠释]

背诵课，也是中小学教师常见的一种课型，目的是强化学生对知识的记忆。但背诵绝对不是让学生漫无边际地去背书。

①明确背诵目标。教师在上课前要明确这节课的背诵目标，即背诵什么、背会多少。

②确定背诵内容。文科和理科学生需要背诵的内容尽管在性质上会存在一定差异，但都必须要求学生背诵知识重点，记忆主干知识。对教师来说，文科的背诵内容更容易确定，但理科教师也应该明确到底应该让学生背会哪些知识。首先，定理、定义、公式、概念这些基本的知识学生应该记住。其次，还要让

学生记住典型例题、习题的解法，包括规范的解题步骤、解题注意的问题、解题的关键点等。

③灵活背诵形式。在背诵课上最好采用激情背诵，在背诵的组织形式上，可以坐在座位上背诵，也可以站起来背诵，甚至可以在教室后面背诵。只要背诵效率高，就不要太拘泥于形式。

④检查背诵质量。对需要背诵的内容及时检查很有必要，这既是对同学们背诵效率的了解，更是对学生背诵动力的鞭策。检查的形式可以灵活多样，或点名让学生在全班背诵，或在学习小组之间互背；或教师抽查，或小组长负责检查；或让学生演板默写，或默写到默写本上。当然，检查也不一定是一次性的，也可以分阶段、分内容进行检查。

98. 怎样上好自习课

上自习课，学生要自觉遵守课堂纪律，安排好当堂学习计划，充分利用好自习课的时间，养成独立学习的好习惯；教师则要做好学习辅导，及时对课堂纪律加以总结。

［诠释］

上自习课，学生自主性比较强。怎样让学生上好自习课，提高学习效率呢？

①让学生自觉遵守课堂纪律。上自习课之前，就和学生约法三章，强调自习课的纪律，给其立好规矩，说明自习课应该怎么上，对于违犯纪律的，要有相应的处罚。

②让学生安排好当堂学习计划。自习课应让学生制订切实可行的计划和目标，明确这节课学什么，做到有的放矢。如果没有目的随意学习，那么肯定效率不高。教师要求学生选择一门课或两门课进行学习，不要一会儿学这个，一会儿学那个，换来换去，不仅浪费了时间，还没学到东西。

③让学生充分利用好自习课的时间。教师要教育学生惜时如金，充分利用好自习课的时间，提高学习效率，课上抓紧时间好好学习，课下再放松玩耍。只有课上时间用好了，课下自由时间才会多起来。

④让学生养成独立思考的习惯。自习课上学生应养成独立学习的好习惯，

遇到不会的知识要独立思考，遇到难以攻克的难题可先放下，课下再和同学讨论。如果一遇到问题就和别的同学讨论，会影响班级纪律，所以严禁自习课讨论问题。

⑤教师在教室做好学习辅导。自习课上，教师应该在班级和同学们一起自习，不能无所事事。有些学生自觉性差，教师不在就想说话，影响班级纪律。教师在教室可以辅导学生功课，也能维持班级纪律，对于学生自习课习惯的养成大有裨益。

⑥及时对课堂纪律加以总结。对于自习课上哪些同学表现好，哪些同学表现不好，教师要及时进行总结，表扬表现好的，批评表现不好的。但要以表扬为主，批评为辅，以激励学生有信心、有决心上好自习课。

学法指导篇

学法指导，是指教师对学生进行学习方法的传授、渗透、训练，使其掌握科学的学习方法，进而形成自主学习能力的教学行为。本篇学法指导智慧主要有：

教师要指导学生养成制订计划的习惯、主动学习的习惯、提前预习的习惯、专心听讲的习惯、善于提问的习惯、上课记笔记的习惯、完成作业的习惯、整理错题的习惯、解题反思的习惯和经常阅读的习惯。

提高学习成绩，要抓习惯、抓细节、抓学法、抓效率。要提高学习的有效性，就要勤于思考，勇于质疑，敢于发问，善于练习。学习，要抓好“五字诀”：想、查、写、看、说。要落实好预习、上课、复习、作业、质疑、小结、拓展七个环节。

听课要注意导入收尾，注意讲课提示，注意讲解要点，注意分析思路，注意纠正错误，注意知识概括，注意板书归纳，注意总结规律。课后要重点回忆上课经过，回忆所学知识，回忆课后练习。

教师要指导学生借鉴学霸的学习管理策略：计划管理有规律，预习管理争主动，听课管理重效率，复习管理讲方法，作业管理要自律，错题管理常反思，难题管理会溯源，考试管理抓重点。

99. 养成学习的好习惯

教师要指导学生养成制订计划的习惯、主动学习的习惯、提前预习的习惯、专心听讲的习惯、善于提问的习惯、上课记笔记的习惯、完成作业的习惯、整理错题的习惯、解题反思的习惯和经常阅读的习惯。

[诠释]

①养成制订计划的习惯。一般来说，学困生的计划性都不强，而尖子生的计划性都比较强。所以，教师要指导每一个学生养成制订学习计划的习惯。

②养成主动学习的习惯。学习主动的学生，学习效率比较高，教师要培养学生养成主动学习的习惯。包括：学生主动给自己留作业；别人不督促也能主动学习；学习时能立刻进入状态；等等。

③养成提前预习的习惯。教师在指导学生预习时，要求学生对将要学的知识认真研读，对有关问题认真思考，把不懂的问题做好标记，以便课堂上有重点地去听、去学、去练。

④养成专心听讲的习惯。能否调动学生所有感觉器官全神贯注地听课，是提高学习效率的关键。因此，教师要指导学生上课时一定要情绪饱满，精力集中，专心听课，认真记笔记。

⑤养成善于提问的习惯。所谓学问，就是既要学又要问。教师要引导学生养成主动向老师、同学或他人请教的习惯。

⑥养成上课记笔记的习惯。好记性不如烂笔头。教师要指导学生在专心听讲的同时，对所学知识做简单的记录或做出记号。

⑦养成完成作业的习惯。教师要指导学生养成按时完成作业的习惯，对作业中存在的问题，要认真寻找解决的办法。

⑧养成整理错题的习惯。教师要指导学生在每次考试之后，首先将做错的题目抄下来，其次将自己当时做错的真正原因用红笔写到试题一边，最后把步骤和正确答案清楚地写到试题下方。

⑨养成解题反思的习惯。反思是解题的重要环节，教师要指导学生从五个层次反思：一要反思解题采用的方法；二要反思解题依据的原理；三要反思解题的基本思路；四要反思一题多解；五要反思一题多变。

⑩养成经常阅读的习惯。教师要培养学生阅读的兴趣，让“阅读”成为“悦读”。

100. 学会“四抓”

抓习惯——培养学习习惯；
抓细节——注重学习细节；
抓学法——掌握学习方法；
抓效率——提高学习效率。

［诠释］

①抓习惯。要提高教学成绩，教师必须从培养学生良好的学习习惯入手，如课前预习的习惯、课堂听讲的习惯、主动做作业的习惯等。

②抓细节。学生的学习离开了基础性小细节，想获得突飞猛进的成绩是不可能的。教师只有要求学生把学习的每一个细节都做到极致，其成绩才会得到提高。

③抓学法。要提高教学成绩，教师一定要指导学生不断探索适合自己的学习方法，同时，还要要求学生在学习方法上多和老师、同学交流，以便把他人好的方法借鉴过来。

④抓效率。勤奋学习，必须具有两个要素：一要用时间作保证；二要以效率为前提。教师要教育学生既要宁静致远，坐得住冷板凳，又要注重学习方法，在“巧”字上下功夫。

101. 有效学习“四于”

要提高学习的有效性，就要勤于思考，勇于质疑，敢于发问，善于练习。

［诠释］

①勤于思考。“学而不思则罔”，在学习过程中，教师要指导学生勤于思考，如果不进行主动的思考，而仅仅是被动地接受知识，就不会取得好的效果。

②勇于质疑。小疑则小进，大疑则大进。如果对知识不加分析地接受，就不会有大的进步。因此，教师要鼓励学生提出质疑，不要做“思想的懒汉”或“接

受知识的机器”。

③敢于发问。学问，即学习本身是离不开发问的。教师要提醒学生当遇到不懂的地方，要勇敢地举手发问。

④善于练习。学习是离不开练习的。俗话说“拳不离手，曲不离口”，强调的就是练习的重要性。没有经过训练的知识是不牢固的。在必要的时候，还应该进行强化训练，但也不要过度练习。

102. 学习“五字诀”

想——回忆知识；
查——查漏补缺；
写——记录要点；
看——精读课本；
说——复述知识。

［诠释］

①想。即回想、回忆知识，是闭着眼睛想，在大脑中放电影。中小学生课后最需要做的就是回想。此过程非常重要，几乎所有尖子生都是这样做的。教师应指导学生在每天晚上临睡前安排一定时间回想，对于模糊和完全想不起来的知识，第二天一大早立即重温。

②查。即查漏补缺。查漏补缺，查的是基础，补的是知识点；查的是心态，补的是短板；查的是毅力，补的是惰性。

③写。教师要指导学生随时记下重难点、缺漏点，在笔记中把它们详细整理，并做上记号，以便在复习时重点学习这部分内容。

④看。教师要指导学生看课本，看听课笔记。这个过程既要有面，更要有点。这个点，既包括课程内容上的重点，也包括回忆的时候没有想起来、较模糊的缺漏点。

⑤说。教师要指导学生复述。如：每天复述一下自己学过的知识，每周末复述一下自己一周内学过的知识。听明白不是真的明白，说明白才是真的明白。坚持复述 2 ~ 3 个月，就会提高记忆能力，增强概括能力，学会表达能力，写作能

力也会有一个飞跃。

103. 学习七环节，一个不能少

预习——预先浏览知识；
上课——专心致志听讲；
复习——回忆钻研课本；
作业——独立完成作业；
质疑——及时纠正错误；
小结——列出学习提纲；
拓展——阅读课外资料。

[诠释]

①预习。学习的第一个环节是预习。教师要指导学生在每次上课前，抽出一段时间，将知识预先浏览一下。

②上课。上课是学习的中心环节。教师要教育学生专心致志听讲：一要主动听课，二要抓住课堂要点，三要记好课堂笔记。

③复习。教师要指导学生课后应静下心来，将当天课堂上所学的内容进行认真思考与回顾。复习的方法可以分两步进行：首先，不看课本、笔记，尝试对知识进行回忆，这样可以强化对知识的记忆；其次，钻研课本、整理笔记，对知识进行梳理，从而对知识的掌握形成系统。

④作业。教师要要求学生在做作业时，一方面要认真对待，独立完成；另一方面要积极思考，及时总结。教师要要求学生时刻记着“做题的目的是为了提高掌握知识的水平”，切忌“为做题而做题”。

⑤质疑。教师要指导学生对疑难问题应该及时想办法解决，对错题则要注意分析做错的原因。

⑥小结。学习的最后一个环节是对所学知识的小结。教师要指导学生将当天所学的知识要点以提纲的形式列出，这样可以使零散的知识形成清晰的脉络。

⑦拓展。对于学有余力的学生，教师要指导其再多一个“知识拓展”的环节，即完成基本的学习任务后，再阅读一些参考书、课外资料等，以开阔学生的视野。

104. 听课“八注意”

注意导入收尾；
注意讲课提示；
注意讲解要点；
注意分析思路；
注意纠正错误；
注意知识概括；
注意板书归纳；
注意总结规律。

［诠释］

①注意课堂导入、收尾。在讲课开头，教师一般是概括上节课的要点，同时指出本节课要讲的内容，这是新旧知识联系的重要环节。在每节课结束前，教师一般会有一个小结，这是对一节课所讲知识的归纳总结，具有高度概括性。

②注意讲课中的提示。教师在讲到重点知识时，或有意把声音提高，或故意反复强调，此时会引起学生高度重视，这有利于学生迅速抓住重点，突破难点，弄清易混点。

③注意讲解的要点。教师讲课，都是围绕知识要点进行讲解的，故要求学生抓住知识要点，听懂知识要点，理解知识要点，弄懂知识之间的内在联系。

④注意分析问题的思路。各学科都有自己前因后果、上关下联的逻辑关系，都有由此及彼、由表及里的推理思路。掌握其思路，对学懂、学透知识是非常重要的。这种思路，在理科学科中表现得比较明显，例如一个定理、一条定律，都有具体的思维方法，应当注意掌握。这种思路在文科学科中也同样存在，教师要指导学生在听文科课时，注意老师是怎样分析问题的，只要经常注意揣摩，同样能听出“思路”来。

⑤注意纠正错误的方法。在课堂上，教师在纠正别人回答错误的问题或做错的试题时，有些学生一看自己没错，就不注意听讲，这是不会学习的表现。其实，此时教师应该要求其他学生也要注意听讲，以避免今后他们犯同类错误。

⑥注意概括知识要点。一般来讲，每堂课教师都要对所讲的内容进行总结概

括，有的是放在下课前总结，有的是在讲过某一问题之后概括。这些总结，是本课内容浓缩的精华要点，是经教师精心提炼的画龙点睛之笔，言简意赅，提纲挈领，反映了知识的内在联系，既便于学生牢固记忆，又利于理解运用，十分重要。

⑦注意板书归纳。板书归纳不仅重要，而且具有提纲挈领的作用。教师要指导学生既要听好板书归纳讲解过程，又要做好笔记。

⑧注意总结解题规律。每当教师讲解一个例题或习题之后，一般都要引导学生总结解题规律，这也是教师特意画的“龙眼”。学生注意听教师讲解答题规律，有利于掌握学习要领，举一反三，触类旁通。

105. 课后回忆“三重点”

回忆上课经过：重点回忆教师讲课过程；
回忆所学知识：重点回忆本课主干知识；
回忆课后练习：重点回忆解题思路技巧。

［诠释］

课后回忆，就是独立地把教师上课所讲的内容再现一遍，从而巩固所学知识。这样做，一可以检查当天学习的效果；二可以提高记忆能力，培养爱动脑筋的习惯；三可以提高看书和整理笔记的积极性。那么，教师怎样指导学生进行课后回忆呢？

①回忆上课经过。教师要指导学生重点回忆：教师是怎样引入新课的，重点知识教师是如何启发、引导和点拨的，自己不懂的部分教师是怎么讲解的，教师是怎样提问的，教师是怎样进行课后小结的等。

②回忆所学知识。教师要指导学生重点回忆：刚刚学到的知识记住了多少，是否真正理解，知识点是否衔接，新知识是如何从旧知识推导或引入的，新知识与旧知识有哪些联系等。

③回忆课后练习。教师要指导学生重点回忆：教师在课堂上布置的练习题，哪些题目做对了，哪些题目做错了，做错的原因是什么；哪些题目不会做，不会做的原因是什么；等等。

106. 学霸的学习管理策略

计划管理——有规律；
预习管理——争主动；
听课管理——重效率；
复习管理——讲方法；
作业管理——要自律；
错题管理——常反思；
难题管理——会溯源；
考试管理——抓重点。

［诠释］

①计划管理——有规律。第一，长计划，短安排。学霸在制订一个长期目标的同时，一定会制订一个短期学习目标，这个目标会切合自己的实际。当达到了一个目标后，他会再制订下一个目标。第二，挤时间，讲效率。学霸会制订较为详细的课后时间安排计划表，做到课后时间充分利用，合理安排，严格遵守，坚持下去，形成习惯。

②预习管理——争主动。学霸会主动按下面的方法进行预习：第一，读。每科用10分钟左右的时间通读教材，将不理解的内容记录下来，明确这是上课要重点听的内容。第二，写。预习时将模糊的、有障碍的、思维上的断点（不明白之处）书写下来。第三，练。预习的最高层次是练习。

③听课管理——重效率。听课时学霸会跟着老师的思维走，抓重点。一抓共性重点，如定理、公式、单词、句型等。二抓自己个性化的重点，抓自己预习中的不懂之处。对当堂没有听懂的知识他会当堂问懂、研究懂。

④复习管理——讲方法。学霸进行有效复习时，会做到五个方面。想：即回想、回忆，闭着眼睛想，在大脑中放电影。查：凡模糊和想不起来的知识就是缺漏部分，需要从头再学。看：即看课本，看听课笔记。写：随时记下重难点、缺漏点。说：就是复述。学霸每天会复述一下自己学过的知识。听明白不是真明白，说明白才是真明白。

⑤作业管理——要自律。学霸做作业会做到：第一，限时作业，记录做作业

的时间。第二，先复习所学知识，然后再做作业。第三，做完作业后必须检查一遍。另外，遇到难题，先放过后攻坚；独立完成作业，忌抄袭。

⑥错题管理——常反思。学霸会准备一个错题本和一个难题本，以方便平时复习使用。错题和难题反映着许多知识点的漏洞，掌握了错题和难题就等于把高分拿到手。对错题和难题，他会每隔一段时间复习一次，复习时会盖住原题自己用脑子想。

⑦难题管理——会溯源。一般来说，难题之难多半在于题目所涉及知识点众多，知识点之间的关系错综复杂，思维及方法运用跳跃性大、逻辑性强。因此，对于难题学霸会用溯源的方法整理。一是查清楚题目所需知识清单，同时辨清知识间的内在联系；二是复原自己考试时的思维路径，查“堵点”“歧点”；三是借助参考答案探究自身存在的盲点、疑点和漏点，之后每隔一段时间复习与检查一次。

⑧考试管理——抓重点。学霸会用一张丢分统计表管理，按科目分为填空题、选择题、计算题、问答题等项目，哪些题做错了，丢了多少分，让统计数据说话。这样，学霸就能明白哪些是审题出了偏差，哪些是运算出了错误，哪些知识点有问题，哪些方面还需要改进和提高。

107. 阅读“三策略”

> 定向阅读：读感兴趣的书；
> 选择阅读：读第一流的书；
> 积时阅读：巧妙积时读书。

［诠释］

策略之一：定向阅读。对于中小学生而言，在广泛涉猎的基础之上，选择一两个最感兴趣的方面进行大量的、较为深入的阅读，一定能够收到事半功倍的读书效果。

策略之二：选择阅读。选择阅读有两层含义：一是“读第一流的书”。二是“读一流学者写的书”。读书要选择。世上有各种各样的书，有的不值一看，有的可看 20 分钟，有的可看 5 年，有的可保存一辈子。

策略之三：积时阅读。教师要指导学生巧妙地安排阅读时间。一是零星时间阅读法。学生要善于利用课余生活零星时间阅读，积少成多。二是整段时间阅读法。寒暑假、节假日对于爱读书的中小学生来说，是十分珍贵的。学生可根据自己的兴趣，广泛涉猎，大量阅读，多读书，读好书。

108. 读书“四要”

读书要选择好书，读其精要，边读边记，活学活用。

［诠释］

读书要讲究活用，教师要指导学生不能读死书，也不能死读书，更不能书读死。

①要选择好书。对“开卷有益”这句话要做具体分析，有的人读一些无益的书，对自己毫无用处，只能说开卷浪费时间。所以读书要能受用，最重要的前提是，要选一些主题好的书、内容健康的书来读。

②要读其精要。在哲学、科学、文学、应用学等各种领域里，都有其各自的精要之作，读书人要会取其精要，才算会读书。教师指导学生读书，最好列出需要读的书目，并要求学生熟读，读其精要。

③要边读边记。古今中外有许多伟大的学者，都会做读书笔记。故教师要求学生读书不能走马观花，不能过眼云烟，一定要将其精要记成笔记。

④要活学活用。读书之要，要能活用。读书的人，不在读多读少，而在读得有用。思想是活用的源泉，凡是一个读书人，先要穷其思想，究其思维，才能读出书中的智慧，才能形成自己的思想。

学科教学篇

我国中小学开设语文、数学、英语、物理、化学、生物、政治（道德与法治）、历史、地理、体育、音乐、美术、科学、信息技术、通用技术等课程，每个学科的教学有其普遍性，也有其特殊性。本篇学科教学智慧主要有：

让语文教材“活”起来。听朗读，辨音精“选”；说词意，摘录精“华”；读语句，感悟精“言”；写同义，提炼精“度”。数学要坚持主动数学、教材数学、思维数学、共同数学。英语要课堂教学口语化，教学内容目标化，情景交流真实化，板书设计多样化，布置作业层次化。

物理演示实验要目的明确、操作规范、明显直观、安全可靠、启发思维。化学课堂提问可以分为知识水平提问、理解水平提问、应用水平提问、分析水平提问、综合水平提问五种类型。生物教学要形成生命观念，培养理性思维，注重科学探究，增强社会责任。

政治（道德与法治）课教学举例要坚持思想性，突出先进性，渗透知识性，注意新闻性，增强针对性，把握真实性，符合审美性，增添趣味性，重视启发性，力求多样性。历史教学要从对现实问题的深刻观照中分析历史，从对历史问题的探讨交流中理解历史，从对现实社会的各种表象里回溯历史，从对热点问题的理性分析中感悟历史。地理教材处理要知识结构化，内容联系化，信息图像化，资料具体化。

体育教学要层次化、个别化和个性化。音乐教学要“简约”“实在”“贴近”“聚拢”。美术课要把握学科特征，要知识欣赏并重，要欣赏内容形式，要实现师生互动，要使用现代技术。信息技术教学要坚持理论课教学是前提，操作课教学是手段，实践课教学是根本。

109. 让语文教材“活”起来

依托文本，让教材“宽”起来；
重组内容，让教材“活”起来；
拓展延伸，让教材“实”起来；
学科整合，让教材“立”起来。

[诠释]

①依托文本，让教材“宽”起来。入选语文教材的课文，均是文质兼美的文章，无论是在立意取材、布局谋篇还是在遣词造句方面都各具特点，具有很强的典范性。因此，教师要根据教材内容的特点，作适当延伸与拓展，这样既符合学生思维发展的需要，又能创设思维的空间，从而使教材变“宽”。

②重组内容，让教材“活”起来。新课程的每个学段都要求教师“创造性地使用教材”，要求教师对教材科学合理地整合、重组与超越，使加工后的教材更加丰富多彩。所谓重组，即以现有教材为蓝本，做好“加减法”，重组出切合学生学习实际的教学块。所谓“减法”，是指教材中有许多内容学生自己能读懂，教师可以大胆地对教材进行剪裁，选出精华作为核心，这个核心可以是训练点，也可以是情感点。所谓“加法”，是指教师根据选取的核心，选编与之相关联的、适合学生需要的内容，再进行有机整合，形成一个教学模块，以拓宽学习领域。这样，既开阔了学生学习语文的视野，又丰富了学生内心的情感体验，从而使教材变“活”。

③拓展延伸，让教材“实”起来。语文课程与生活实践是息息相关的。教师在使用教材时，必须根据教材自身的特点，最大限度地沟通语文课堂的内外联系，充分利用学校、家庭、社区等教育资源，拓宽学生的学习时空，拓展学生的学习内容，从而提高语文教学的效率。

④学科整合，让教材“立”起来。语文是一门综合性极强的学科，它蕴含着丰富的自然、人文等多层面知识。教师要从学生的实际出发，结合教学内容的特点，引导学生学习相应学科的知识和技能，这样做既可以达成与“语文”相关的教学目标，又可以开阔学生的视野，从而提高学生的综合素养。

110. 语文教学“四部曲”

听朗读，辨音精“选”；
说词意，摘录精“华”；
读语句，感悟精“言”；
写同义，提炼精“度”。

［诠释］

①听朗读，辨音精“选”。汉字，有着美丽的外形，更有动听的声响。汉字的多音词足以证明其与众不同，有多重的身份代码。在聆听中体会汉字其中丰富的表达内涵，更能够使学生在开阔视野的过程中丰富思维，找出自己所需的学习内容。学生敏锐的语言感知首先来自听，是语言信息输入与解码的互动过程。听朗读使学生将语言文字的静态主动转为动态感知，使他们在发现其中表达深厚的语言感知中不断丰富自己的思考过程。教师指导学生听朗读可根据课程教学重点，摘录其中句式多变和语言表达丰富的词句，引导学生反复倾听，让他们在听的过程中发现其中特有的韵味。同时，教师指导学生挑选出素材中表达的精彩点，引导学生在反复揣摩构思的过程中拓展延伸认知深度，形成深刻的感思。

②说词意，摘录精“华”。任何语言文字都需要借助表达来展现其鲜活的生命力，离开了“说”，汉字定会黯然失色。说词意，说出其在语句、语段以及语篇中所占据的地位和意义，让学生在仔细思考中能够识记。说出词意的过程就是学生不断内化语言和展现认知思维的过程，该过程能充分体现学生在语言认知过程中的精巧构思。指导学生多说词语，让他们在聚焦重点的过程中不断揣想，更能够使语言表达具有深刻性。关注学生说的方式，指导他们尝试运用不同的语言表达形式，针对其中的内容进行反复体味，更能够使学生获得与众不同的感知体验。

③读语句，感悟精“言”。阅读是认知积累的重要前提，也是学生与文本进行对话的有效途径。大声朗读语句，引导学生从有形的文本中感悟至深的情感，更能够丰富学生的认知思维。学生阅读语句也可为他们获取丰富语言感知奠定坚实基础。借助反复朗读来引导学生进行主动推敲，能使学生在深刻感受中获得丰富的体验。指导学生朗读语句，要求学生带着情感进行朗读，学生更能够获得意想不到的感受。引导学生拓宽想象思维，主动与教材文本、作者、编者等进行对

话，能使学生在多元化理解互动中感受作者用字的精练。

④写同义，提炼精“度”。每个词语都有相似体，好似孪生姐妹。寻找同义词，寻找其他表达意思相似的词语，更能够帮助学生辨别词汇和语义。引导学生写出同义词，让学生通过比较鉴赏的方式找出细微差别，更能够发现其中的深刻内涵。指导学生写出同义词，要求学生在准确把握词汇表达意思、情感以及词性等方面知识的基础上，多给学生自我构思机会，让他们在反复推敲的过程中能有所发现。多给学生提供指导，引导他们通过替换和比较的手法，分析同义词使用的效果，让他们能有更为明确的整体理解和感悟。结合词汇的使用，建议学生能在主动选择中，针对不同语境表达进行综合研判，帮助学生提高语言运用的综合性和准确性。

111. 阅读教学“五要”

阅读教学要做到：导入要快，问题要少，点线要清，训练要实，效率要高。

［诠释］

①导入要快。一节课40分钟或45分钟，教师要想方设法利用好每一分钟。因此，导入要直奔主题，开门见山，能不绕圈子的尽量不绕，能少绕圈子的尽量少绕。

②问题要少。综观课堂教学，主要存在三“问”。多问：每个教学环节都用问题代替，每个教学步骤都设计了几个问题，因此，课堂也就成了满堂问。假问：“对不对”“好不好”“美不美”看似提问，实质没有问，也不需要问。追问：教学中过于刨根问底、追根溯源，非得问个水落石出不可。问题设计也要少而精，要求教师从学生的实际出发，“假问”的就别问了，“追问”的想想追下去是否有价值，一节课以一两个问题为主，如果这一两个问题能起到“牵一发而动全身”的效果，那就再好不过了。

③点线要清。“线”，即线索，教学的线索要明，一条线索清清楚楚；“点”，即教学的着力点，每一堂课都应该有重点的地方，或知识点，或语言点，教师要在这一重点上重打实敲，不走过场，使这一重点成为课堂的训练点和学生学习的兴奋点。

④训练要实。阅读教学的主要任务是学习语言，积累语言，运用语言，表达语言，其过程就是“训练”。其训练要实，不要走过场。

⑤效率要高。一节阅读课有没有效率，不看课讲得顺不顺，不看教师多么出彩，关键是看学生。因为教学的对象是学生，学生有收获吗？学生的收获大吗？如果学生学得又轻松又很有收获，那这样的课应当是一节好课了。

112. 语文教学“六得”

“得意”——读懂文本；
“得体”——紧扣文体；
“得法”——遵循规律；
“得言”——语言为本；
“得读”——阅读名著；
“得心”——付出真情。

［诠释］

①“得意”——读懂文本，读出对文本的真内涵。作为教师，既是教者，也是读者，只有读得充分、读得深刻、读得熟悉，才能引导学生去走进并深入文本。肤浅的教学首先是因为教师本人阅读的敷衍和肤浅。

②“得体”——语文教学要有文体意识。散文要扣住“我”的情，小说要打开社会的“窗口”，诗歌要培育诗意的心，戏剧要在冲突中展示人生万象。教文章，要懂得教什么类型的文章，教个明白，教个清晰。只有将文体教学落实，学生“读”才有路径，“写”才有方向。

③“得法”——要遵循教学的规律，要守住语文教学的本真。语文教学的本真表现就是以学生为主体，以教师为主导，以训练为主线，以语言为主核。

④“得言”——语文教学，要紧紧围绕语言，在语言这一核心上展开。离开了语言，语文就不是语文。有语言的地方，就有语文。语文的天地，很大程度上就是语言的天地。

⑤“得读”——语文课，即读书课，除了“读”教材，语文教师要引导学生读大量课外经典。阅读古今中外名著，每读一本最好有阅读笔记和鉴赏随笔，其

好处一可提高学生的文化修养和精神品位，二可提高学生的阅读和写作能力。

⑥“得心”——用心付出多少，课堂就呈现多少。语文教师从事的是人文性很强的工作，付出真情与关爱，语文才有更多收获。

113. 培养学生学数学的好习惯

数学教师在教学中，要培养学生认真“听”的习惯，积极“想”的习惯，仔细“审”的习惯，独立“做”的习惯，善于“问”的习惯，勇于“辩”的习惯，提早“学”的习惯，反复“查”的习惯，灵活“用”的习惯。

[诠释]

①认真“听”的习惯。为了教和学的同步，教师应要求学生在课堂上集中思想，专心听老师讲课，认真听同学发言，抓住重点、难点、疑点听，边听边思考，边听边做学习笔记。

②积极“想”的习惯。教师要求同学们积极思考老师和同学提出的问题，思考、回答问题要达到有根据、有条理、符合逻辑，并逐步渗透联想、假设、转化等数学思想，不断提高思考问题的质量和速度。

③仔细“审”的习惯。审题能力是学生多种能力的综合表现。教师应要求学生对提示语、旁注、公式、法则、定律、图示等关键性内容认真推敲、反复琢磨，不断增强学生思维的深刻性和批判性。

④独立“做”的习惯。练习是教学活动的重要组成部分，教师应教育学生做题时不要抄袭他人现成答案，作业要书写工整，按质、按量、按时完成，并能做到方法最佳，有错就改。

⑤善于“问”的习惯。教师应积极鼓励学生质疑问难，带着知识疑点问老师、问同学，提倡学生自己设计数学问题。

⑥勇于“辩”的习惯。讨论和争辩是思维的最好媒介，它可以形成师生之间、同学之间广泛的信息交流。教师要求学生在争辩中表现自我，互相启迪，交流所得，增长辨别能力，最终统一到对真知的认同。

⑦提早“学”的习惯。教师要让学生课前预习课本，可以帮助其了解新知识的要点、重点，发现疑点、难点，从而在课堂上掌握听课的主动权。

⑧反复“查”的习惯。培养学生检查的能力和习惯，是提高数学学习质量的重要措施。教师要求学生练习后，应从是否符合题意，计算是否合理、灵活、正确，应用题、几何题的解答方法是否科学等几个方面检查验算。

⑨灵活“用”的习惯。学习的目的在于应用，教师要求学生把在课堂上学到的知识加以灵活运用，既能起到巩固和消化知识的作用，又有利于将知识转化成能力，还能达到培养学生学习数学的兴趣之目的。

114. 数学教学“四要”

要坚持“主动数学”；
要坚持“教材数学”；
要坚持“思维数学”；
要坚持“共同数学”。

[诠释]

①要坚持“主动数学”。在课堂上，教师要给予学生自主探究、合作交流、动手操作的权利，让学生充分发表自己的意见。凡是学生能够探索出来的，教师绝不替代，凡是学生能够独立发现的，教师绝不暗示，让学生在生活、活动、思索、合作交流中学习。教师要尽可能多给学生一点思考的时间，多给学生一点活动的空间，多给学生一点表现自己的机会，让学生多一点创造的信心、多一点成功的体验。久而久之，学生就会体会到成功的喜悦，就会激发对数学的好奇心、求知欲以及学习数学的兴趣，就会觉得数学不再是那些枯燥、乏味的公式、计算、数字，从思想上变“要我学”为“我要学”。

②要坚持“教材数学”。教材是教师进行课堂教学的重要依据，教师要引导学生积极参与到教材的学习中。在教学中，教师要敢于创造性地使用教材，不是为了教教材而教学生，而是为了学生去用好教材。教师运用教材的例题能够举一反三，让学生触类旁通。教师把教材内容创造性地重组，以教材为基础进行再创作，能使学生体会数学知识的产生、形成与发展过程，从而获得积极的情感体验，感受数学的力量，同时也能掌握必要的基础知识和基本技能。

③要坚持“思维数学”。数学教材历来重视学科的科学性和系统性，注重基

础知识讲授和基本技能训练的结合。这就要求教师在激发学生学习的兴趣方面下功夫，加深学生对身边处处有数学的体会，强化思维训练氛围。学生通过发现问题、探索研究、解决问题等一系列学习活动，能深刻地认识到数学对于他们的生活有多么重要，学数学的价值有多大，从而激发学生学好数学的强烈欲望。

④要坚持“共同数学”。在教学中，教师要大胆放手，给学生充足的时间，让他们真正参加到教学中，让他们去创造性地学习数学，让他们成为学习的主角，成为知识的主动探索者。一堂好的数学课，应该有学生自由表达意见的空间。

115. 数学复习“六抓”

抓学习节奏，抓知识形成，抓数学能力，抓问题暴露，抓解题指导，抓课堂练习。

［诠释］

①抓学习节奏。数学复习没有一定的速度就是无效率的复习，不紧不慢地学习不仅训练不出思维的速度，而且也训练不出思维的敏捷性。这就要求在复习备考过程中，一定要有快节奏，这样会使学生的思维敏捷性和数学能力快速提高。

②抓知识形成。数学的每一个概念、定义、公式、法则、定理等都是数学的基础知识，这些知识的形成过程正是数学能力的培养过程。因此，要改变重结论、轻过程的教学方法，重视数学教学的解题过程。

③抓数学能力。数学能力是随着知识的提高而同时形成的，无论是重温一个概念，掌握一条法则，还是演算一个习题，都应该从不同的角度来培养和提高数学能力。教师要引导学生理解所复习内容在所学数学体系中的地位，弄清前后知识之间的联系。

④抓问题暴露。在数学课堂教学中，教师通过提问与让学生演板，可以发现学生暴露出来的问题。教师对待普遍性的问题要及时解决，对待特殊性的问题要有针对性地解决。

⑤抓解题指导。数学习题运算的步骤越多，难度就越高，出错的可能性就会越大。因而，教师要根据练习题的难易程度合理运用解题方法，优化运算途径，以提高学生的运算能力。

⑥抓课堂练习。数学课堂练习是对数学知识记忆、理解、掌握的重要手段，必须坚持不懈，这既是一种速度训练，也是一种能力检测。在布置作业时，哪些知识需要补救、巩固、提高，哪些能力需要培养、加强、应用，教师要做到心中有数。

116. 英语教学“五化”

课堂教学口语化；
教学内容目标化；
情境交流真实化；
板书设计多样化；
布置作业层次化。

[诠释]

英语教师在课堂教学中，除需具备语言美、情感美、教学美外，还需做到“五化”。

①课堂教学口语化。学生学习语言需要一定的语言环境和良好的学习氛围。在讲台上扮演“导演”的教师要组织指导“主体”角色的学生积极“表演”，鼓励他们在课堂上多讲英语，教师要用简单的英语口语组织教学，与学生进行对话，努力使学生踊跃参与语言实践，激发学生开口说英语的习惯。在教学过程中，需要说话练习的不是教师，而是学生。一般来说，教师在课堂上讲的比例不得超过30%。

②教学内容目标化。教学目标是课堂教学的出发点和归宿。在教学中，要求每节课的教学目标都要具体明确、定位准确。教师要突出课堂教学的重点，化解疑点，示范适时，灵活有效，恰当地把握教材的深度和广度，使学生系统地掌握知识。

③情境交流真实化。学生学习语言需要创设语言环境，教师要有意识地尽可能多地创设英语教学情境，让学生扮演各种角色，表演对话、短剧等，使英语课堂气氛活跃。教师要通过表扬、鼓励来激励学生，让他们尽量借助情境大胆说英语。教师应及时帮助学生克服怕羞、怕出错而不敢开口的心理，指导他们由易到

难进行训练，消除紧张情绪，逐步树立信心，让他们把英语表演当成一种游戏，通过相互对话、提问的形式，提高其学习兴趣。

④板书设计多样化。板书是一节课主要的知识框架，也是教师教学思路和内容的浓缩。好的板书不仅能使学生从知识结构上理解知识的发生、发展和结论，而且具有直观性、形象性和趣味性的特点，能在学生脑海中留下深刻印象。因此，板书设计一定要形式灵活多样，切忌呆板单一。

⑤布置作业层次化。合理布置作业是减轻学生负担、提高教学质量的一个重要手段。根据英语教材中所学内容，一般可以设计自编对话、分角色扮演英语短剧、写请假条、记录天气预报等作业。通过做多样化的作业，学生能够开阔学生的视野，培养其多方面能力，避免出现尖子生“吃不饱”、学困生“吃不消”的现象。

117. 英语阅读教学“六要”

要方法灵活，要认真选材，要正确导读，要全面辅导，要积极指导，要注重检查。

［诠释］

①要方法灵活。教师对教材的阅读材料可以灵活处理。首先让学生朗读，其次由教师讲解，再次由教师提问，然后让学生练习，最后让学生交流。或者教师先讲授，再提问，然后学生回答，最后进行课堂讨论。或者教师创设语境，分角色表演阅读短文。在教学中，教师应做到：有效利用课堂上的分分秒秒，紧扣教材的教学内容；学生能理解读懂的，教师不再重复，着重细讲难点；教师必须给学生留出充分的时间解答阅读后的问题，从而反馈学生对阅读内容的掌握程度。

②要认真选材。教师可以适当为学生增加一些课外阅读材料，如一些小故事、幽默笑话等，并在材料后精心设计练习题，如完形填空、选择填空等习题。这样不仅能激发学生学习英语的兴趣，而且能提高学生的阅读能力。但阅读短文不可太难，阅读量不可过大。

③要正确导读。在训练阅读时，教师要精心设计提问，引导学生探索后解决问题。首先，要引趣、设疑，创设问题情境，激发学生的求知欲。其次，要启发

引导学生分析问题，启迪思维，培养其思维能力。

④要全面辅导。在英语阅读教学中，教师要面向全体学生，对阅读能力差的学生要进行针对性的辅导，从心理上、理解技巧上帮助他们，逐渐排除其对阅读的畏难情绪，激发学生的阅读兴趣。

⑤要积极指导。在阅读教学中，教师应介绍必备的阅读技巧。首先，指导学生要通读全文，抓住主旨大意，没必要把文章中的每一句话、每一个词都作为重点细读、慢读，而要把注意力集中在捕捉和领会文章的主旨大意上。其次，指导学生带问题阅读，做到有的放矢。学生要快速阅读文章后面的问题，然后再复读全文，同时阅读训练要限时。

⑥要注重检查。在阅读教学中，教师要进行有效地检查。一要检查学生能否在有限的时间内完成阅读；二要定期测试分析，以随时调整训练的强度和方法。

118. 物理演示实验“五要五忌”

实验要目的明确，忌随心所欲；
实验要操作规范，忌糊里糊涂；
实验要明显直观，忌模糊不清；
实验要安全可靠，忌弄虚作假；
实验要启发思维，忌难易不分。

［诠释］

中学物理教学，必须以实验为基础。教师要给学生创设良好的实验环境，在课堂教学中要多做演示实验，多安排学生实验，让学生有目的地进行观察、测量，养成善于观察、勤于动手的好习惯。

①实验要目的明确，忌随心所欲。实验是用来配合教学的，教师应根据不同的教学内容和要求，选择合适、合理的实验，以便让学生清楚地理解物理概念和规律。

②实验要操作规范，忌糊里糊涂。实验操作步骤和操作动作要规范、正确，这不仅关系到实验能否成功和实验的效果，而且也能让学生学到严谨的科学态度，避免做事糊里糊涂。这就要求教师在做演示实验之前，要对该实验做非常充分的

准备，了解实验的原理过程，掌握实验过程中出现的各种可能并及时解决，以确保演示实验的成功。

③实验要明显直观，忌模糊不清。演示实验的一切功能都不能离开观察，教师在设计演示实验时要注意：物理过程的变化要显著，仪器简单，过程明了，要多种感官并用。

④实验要安全可靠，忌弄虚作假。教师在课堂上的演示实验必须确保成功，成功的演示是由多方面因素决定的。首先，教师要掌握实验原理，它是设计和改进实验的依据。只有掌握了原理，才能准确地抓住关键，成功地进行演示。其次，教师要注意环境条件。教师在课前要选择好所需的仪器和材料，仔细地进行检查，熟悉仪器的使用性能，了解实验的精确程度，估计实验时间，观察实验室里演示实验周围的环境等。

⑤实验要启发思维，忌难易不分。演示实验能够提供丰富的实物材料，变抽象为形象，但它的最终目的是要通过观察启发思维，使学生更好地认识客观规律，发展能力，培养兴趣。因此，在设计和编制演示程序时，必须在启发思维上下功夫。演示实验一般可采用下列几步：首先提出问题，通过实验建立初步表象；其次做实验，再提出问题进行探讨，找出规律；最后应用规律来说明问题，并用实验来验证。

119. 物理课堂教学的结尾设计

物理课堂教学可设计概括式结尾、反馈式结尾、悬念式结尾、图示式结尾、比较式结尾、学生提问式结尾、首尾呼应式结尾等结尾方式。

[诠释]

①概括式结尾。这种结尾是对教学内容、课堂中心作简明扼要、提纲挈领的归纳。为加强学生对教学活动的参与，可由教师指导学生编写出一个课堂知识的纲要。其操作程序为：教师说明要求—学生编制提纲—由个别学生读出提纲—大家补正—教师总结。这种结尾能培养学生的概括能力，使学生所获知识结构化、网络化。

②反馈式结尾。这种结尾可以借助各种形式的目标测试，利用课堂结束前的

5 ~ 10分钟时间，每人一张试卷进行测验，考完之后立即公布答案，并互相批阅和评分。此外，也可开展小型的知识竞赛。教师根据学生当堂学过的知识出几道思考题让学生们抢答，在短暂的时间里，让学生动脑、动口、动手，既巩固了学生的记忆，又能活跃学习气氛。

③悬念式结尾。物理课堂结尾也应讲究悬念迭出，情节跌宕。通过悬念创设，紧紧抓住学生的好奇心理，引导学生继续把问题探究下去，为下一节课的学习做好铺垫。

④图示式结尾。图示式结尾能化繁杂的物理内容为简单明了的图像，在头脑中建立鲜明的物理知识表象，有利于促进思维能力的提升。

⑤比较式结尾。比较式结尾是将新知识与学过的知识进行对照，同中求异，异中求同。这种结尾能有效地帮助学生搞清不同概念、不同规律间的区别与联系，利于学生把新知识纳入自己的认知结构中。

⑥学生提问式结尾。在结尾教学中，教师可鼓励学生发问，鼓励学生自由发表独创见解，教师再加以总结。这种结尾设计，看似随意，实则精心。

⑦首尾呼应式结尾。教师采用首尾呼应的结尾方式，能紧扣课堂导入提出的问题，揭示导入“情境”中设计的悬念，使课堂教学做到善始善终。

120. 化学课堂提问艺术

化学课堂提问可以分为知识水平提问、理解水平提问、应用水平提问、分析水平提问、综合水平提问五种类型，分别考查学生记忆、理解、应用、分析和综合问题的能力。

［诠释］

①知识水平提问。这类提问要求学生通过回忆检索已有知识来回答问题。问题的答案是现成的，学生往往不需要深入的思考，只需简单地从记忆中提取正确的知识符号，就可以解决问题。比如：高锰酸钾分解反应的化学方程式、酸的五大通性、碱的化学性质等。此类问题主要是导入新课时作为教师检查学生旧知识的一种策略，不宜频繁使用。

②理解水平提问。这类提问要求学生在理解的基础上，用自己的语言叙述事

实或事件，比较事实或事件的异同，实现知识由一种形式到另一种形式的转变。这种提问相对知识水平提问在难度上有所提高，需要学生在知识水平的基础上进行进一步的加工和处理。比如：浓硫酸为什么不能干燥氨气，需要学生用简单的语言描述某实验的实验现象。理解水平提问一般适宜在新课讲授完之后设置，主要是作为检查学生理解掌握知识的一种教学手段和方式，以此来督促学生及时巩固所学知识，进一步强化对所学内容的记忆和理解。

③应用水平提问。这类提问就是要求学生把所学的概念、原理、现象等知识应用于某些新问题，把先前所学知识迁移到新问题情境之中，做到学以致用。例如：在学习二氧化硫性质的时候，可以利用酸性氧化物的相似性来学习二氧化硫的性质。应用水平提问一般适用于课堂新内容的讲授和巩固练习中，以此来考查学生对程序性知识掌握的情况。

④分析水平提问。这类提问要求学生运用已掌握的旧知识来分析新知识的结构、要素，明辨事物的因果联系。化学课上常说结构决定性质，性质决定用途。诸如“金刚石为什么可以用来做玻璃刀”，此类型的问题往往需要学生运用发散性思维，要求学生在掌握一定相关知识的基础上，查找分析资料，剖析知识结构，透过现象抓住事物间的本质联系，最终解决问题。此种类型的提问对学生的综合能力要求较高，一般适合高年级具有一定分析能力和批判性思维能力的学生。

⑤综合水平提问。这类提问要求学生根据教师给定的信息和材料，在记忆中检索回答问题所学的相关知识，整体性地理解知识，并以一种新的有创造性的方式将这些知识有机地组织连接起来，建立起一种新的联系。这种提问往往出现在复习课当中，需要学生从整体上把握某一章或者某一块的内容。如：“你对这章内容之间的联系怎么理解？”“我们可以通过什么样的方法来提高这一章的学习效率？”这种提问对学生思维能力特别是创造能力的培养具有重要作用。这种水平的提问适合在课堂讨论、合作学习、探究学习等学习方式中运用，在提问后教师应留给学生足够的时间去思考。

121. 生物教学的“四个维度”

情景引入，形成生命观念；
自主学习，培养理性思维；
设计实验，注重科学探究；
联系实际，增强社会责任。

［诠释］

①情景引入，形成生命观念。在课堂教学的引入环节，教师一方面可采用贴近学生生活实际的新闻或事件，激发学生的情感共鸣，使他们迅速融入课堂；另一方面，要结合学生已有的知识基础，让学生对观察到的生命现象进行解释，逐步形成相应的生命观念。

②自主学习，培养理性思维。在生物教学中，教师指导下的自主学习不仅可以激发学生主动探知的欲望，而且更能引导学生在尊重事实和证据的基础上，以严谨和务实的求知态度，运用科学的思维方式去探讨、阐释生命现象及规律。

③设计实验，注重科学探究。对生命现象的解释和证实，最直接、最有说服力的就是实验证据。在生物学教学中，教师必须培养学生的实验思维，培养学生针对特定的生物学现象，进行观察、提问、实验设计、方案实施以及结果的交流与讨论的能力，并在探究中乐于团队合作，善于自主创新。

④联系实际，增强社会责任。生物教学要实现学科教学向公民教育思想的转变，教师要结合本地资源开展科学实践，引导学生尝试解决现实生活问题，激发学生的家国情怀、责任担当以及社会关爱精神。

122. 政治（道德与法治）课教学举例“十性”

坚持思想性，突出先进性，渗透知识性，注意新闻性，增强针对性，把握真实性，符合审美性，增添趣味性，重视启发性，力求多样性。

［诠释］

①坚持思想性。思想教育是政治（道德与法治）课教学的重要职能，更是每

位政治（道德与法治）教师的神圣职责。这就要求课堂举例时始终要把思想性放在首位，多联系党和国家的路线、方针、政策和重大举措，多联系学生思想上的需求点、闪光点和薄弱点，不要哗众取宠、喧宾夺“主”。

②突出先进性。教师讲课时，要以民族英雄、革命先烈、模范人物、成功人士等先进事迹为例教育学生，也可列举学生中的先进人物和事迹，以培养他们学习英雄、弘扬正气的情感，不要鱼龙混杂、良莠不分。

③渗透知识性。讲课时，教师要引经据典，博古通今，以各门学科有益的知识作例子，去丰富学生的头脑，使其在接受思想教育的同时，学到新的知识，不要牵强附会、弄巧成拙。

④注意新闻性。在教学中选用国际、国内重大新闻作例子，既能对学生加强时事政治教育，又能为政治课增添时代活力，还能增强这门课的吸引力和理论说服力。因此，教师举例切莫“喜旧厌新”，一味追求古闻旧事，远离时代脉搏。

⑤增强针对性。针对性是指举例的指向性和目的性。要做到这一点，首先要针对教学中的重点和难点、学生认识上的疑点，不要不分主次、“全面开花”；其次要紧扣学生思想“穴位”，针对他们的思想实际，及时帮助其化解疑虑，不要开口千言、离“生”万里。

⑥把握真实性。说真话是做人的根本，教师引证的例子只有实事求是、真实可信，才能富有说服力。所以，课堂上教师举例一定要数据翔实、言之凿凿，不要道听途说、捕风捉影，更不能故弄玄虚、凭空捏造。

⑦符合审美性。美育也是学校教育的重要内容。教师所举例子要符合审美规律，以引起学生的美感，陶冶其思想情操。这就要求教师在课堂上的一言一行要潇洒得体、和谐优美，千万不要粗俗低级，更不能“脏”话出口。

⑧增添趣味性。古人云：“教人未见其趣，必不乐学。”在教学中根据学生的心理特点，经常增添一些趣闻逸事，巧妙运用幽默语言，既活跃了课堂气氛，促其专心听讲，又拓宽了他们的知识面，提高其学习兴趣。这就要求教师举例时要风趣诙谐、妙语连珠，不要平淡似水、枯燥乏味。

⑨重视启发性。教学中所举例子要有启发性，以开启学生思维的闸门，点燃其思维的火花，让同学们在听课中思考，在思考中听课，把学和思结合起来，达到开拓学生思路的目的。这就要求教师要选好例子，启发引导、循循善诱，不要

生硬呆板、平铺直叙。

⑩力求多样性。教师举的例子力求形式灵活多变，内容丰富多彩，可举实例、小故事、成语、名言、俗语以及报纸和电视中的报道，也可以亲身经历的事或身边的人和事为例，不要内容匮乏、形式单一。

123. 历史教学之要

从对现实问题的深刻观照中分析历史；
从对历史问题的探讨交流中理解历史；
从对现实社会的各种表象里回溯历史；
从对热点问题的理性分析中感悟历史。

[诠释]

历史课堂教学中如何穿越历史迷雾挖掘史实价值？如何透过一个个人物、一件件史事去追寻现实的倒影？如何架接起现实与历史之间的桥梁？这既需要历史教师的才学与智慧，也需要历史教师的见识和领悟。

①从对现实问题的深刻观照中分析历史。历史与现实的结合是历史教学大历史观的最直接体现，而从对现实问题的深刻观照中分析历史更能让学生内心澄明、视界敞亮。联系现实的最高境界就是无须教师点明，学生仅从教师扎实的历史讲授中就能够自己联系现实，做到一叶而知秋。

②从对历史问题的探讨交流中理解历史。教师通过让学生对历史问题的探讨交流，使其获得新的认识，进而用多元的价值观和视角去理解历史的内涵与价值。

③从对现实社会的各种表象里回溯历史。教师通过分析现实社会现象，回溯其与历史发展的关系，不但能深深激发学生的历史感，还能帮助学生建立起理解历史的脚手架。

④从对热点问题的理性分析中感悟历史。现实生活中始终存在着社会热点问题，青少年学生是关注社会热点问题的主要群体，这正是历史教学的绝佳契机。从社会热点切入历史教育教学，既能较好地体现历史学科“古为今用”的原则，也能更好地在教学中发挥学生的主体性和主动性。

124. 地理教材处理“四化”

教材知识结构化；
教材内容联系化；
教材信息图像化；
教材资料具体化。

［诠释］

教师不仅是教材的使用者，更是教材的开发者和研究者。教师在处理教材时，应根据学生的情况和教学实际，冲破教材的束缚，创造性地使用教材，力求做到“四化”。

①教材知识结构化。知识结构是各种知识在人类大脑中的组织形式，它包括各种学科知识的配置比例、相关程度和协同关系。根据心理学知识及长期的实践可知，结构化了的知识最容易为人们所接受，同时也能被长期记忆而不至于发生扭曲现象。因此，教师在处理教材时，从教材中找出知识之间的联系及联系的规律性，将各章节的中心内容及与中心内容有联系的知识串联起来，按章节结构进行教学。这样，既符合学生认知规律，又能培养学生的智能，并能教会学生更好学习。

②教材内容联系化。地理教材处理中的联系化，是指教师在教学内容处理上，做好教材内知识的前后联系与教材外课程资源的利用。如不同版本教材的联系、学科之间的联系、与学生生活的联系等，以求达到教学内容的优化，不断提高地理教学的有效性。

③教材信息图像化。地理教材的一个突出特点是图文并茂。各种地图中暗藏着大量的地理信息，培养学生从图像上获取信息的能力，是落实课程标准的要求，也是新教材增加大量图像的出发点。在教材处理上，坚持“以学生活动为主，教师讲述为辅；学生活动在前，教师点拨评价在后”的原则，使学生在读图中掌握从地图上获取信息的方法，培养学生分析问题、解决问题的能力，使地理图像成为学生学习的重要工具，成为发展智能的重要载体。

④教材资料具体化。根据课程标准的要求，把教材中概括性的内容，通过图表、资料、数据、地图等相关材料进行具体说明，既有利于学生更好地理解教材内容，又能有效达到课程标准的教学要求。

125. 体育教学面前不能“人人平等”

体育教学要在集体化授课形式中有机结合层次化、个别化和个性化的教学方法，切忌“人人平等”的简单划一、呆板僵死的教学形式。

［诠释］

随着当今学生在知识、能力、兴趣、特长和个性品质方面的丰富发展和迥然相异，随着社会对人才素质需求的多样化以及现代化教学手段不断进入课堂，层次化、个别化和个性化的教学方法显得越来越重要。

在体育课教学中，同一动作，有的学生很快便能掌握，而有的学生学起来就相当费劲。已掌握了动作要领的学生让他反复练习容易产生枯燥感，而掌握不了的学生多练习时则会力不从心，进而产生畏惧感。这就要求教师在教学过程中要有针对性，要尊重学生在知识、智能、兴趣和个性等方面客观存在的差异性，要在集体化的授课形式中有机结合层次化、个别化和个性化的教学方法，切忌“人人平等”的简单划一、呆板固定的教学形式，从而保证每个层次的学生都能根据自身的特点和需要学有所得、学有所乐、学有所成。

126. 音乐情境教学“四要”

要“简约”，不要“烦冗”；
要“实在”，不要“造作”；
要“贴近”，不要“脱节”；
要“聚拢”，不要“旁逸”。

［诠释］

①要“简约”，不要“烦冗”。在音乐课上，教师对选用的情境要进行整合和筛选，删繁就简，做到形式简约、内蕴丰盈，给学生留足思考、讨论和体验的时间。

②要“实在”，不要“造作”。音乐课堂的情境需要预设但不应是彩排，需要新奇鲜活但不应是偏离目标的怪招，需要加工创造但不应是人工造作。情境教

学毕竟只是手段而非目的，实实在在才是真。

③要“贴近”，不要“脱节”。教师在创设或选用教学情境时，要认真研究学生的年龄特点、心理特点和认知规律，了解学生的生活实际、知能实际，让情境与学生贴近，学生才能身临其境获真知、动真情，教学才能取得预想的效果。

④要“聚拢”，不要“旁逸”。教师在创设情境时，要创设与教学内容有本质联系的情境，使情境成为学生与知识、与教师进行相互对话、心灵交汇、情感交流的载体。如果情境旁逸斜出，就可能把学生的注意力吸引到与教学内容或教学目标无关的方面去，让教学有形无实。

127. 舞蹈教学“四字经”

看——培养兴趣；
听——化繁为简；
说——感觉到位；
想——发展思维。

［诠释］

①看。兴趣是最好的老师。为了激发学舞蹈的学生更强烈、更稳定、更持久的兴趣，教师可让他们多观看舞蹈表演录像。

②听。学生在学习舞蹈之前，先让他们听音乐，对舞蹈音乐有整体的把握。有的舞蹈音乐时长七八分钟，学生难以理解和把握。教师可引导他们根据音乐的不同节奏、不同情绪分出乐段来。这样有利于学生学习动作时做到心中有底、目标正确，也容易动作到位、充满自信。

③说。舞蹈按体裁分，有情绪舞、情节舞两类。一般短小的舞蹈，让学生听音乐说或做动作再说，他们能说出是优美的或是激昂的、是欢快跳跃的还是缓慢抒情的，并能较好地做到情绪、动作到位。但遇到复杂又较长的音乐他们就难以把握到位，这时教师要引导学生理解并加以说明。

④想。思维是学习舞蹈者获得技巧、提升舞蹈表现能力的原动力。舞蹈教学是技巧训练和艺术表现能力提高的重要环节。在舞蹈教学中，教师只有激励学生多想、多思，协调好思维与技巧训练的互动关系，才能不断提高教学效率。

128. 美术欣赏课“五要”

要把握学科特征，要知识欣赏并重，要欣赏内容形式，要实现师生互动，要使用现代技术。

[诠释]

①要把握学科特征。教师一方面要防止过分强调美术学科的特征，防止大量使用美术专业名词、专业术语，或直接套用教材句章，将美术欣赏课上成深奥难懂的学术研究课；另一方面要防止一味迎合学生兴趣，将美术课上成历史课或政治课而失去学科特征。所以要把握学科特征，教师要准确把握美术欣赏课的教学目标，从学生熟悉的或已经形成的知识经验切入，潜移默化地引导学生进入美术欣赏的情境中来。

②要知识欣赏并重。美术基础知识的学习和美术作品的欣赏是一个事物的两个方面，作品欣赏重在感受美，基础知识重在研究为什么美。在美术欣赏教学中，仅以“像”和“不像”、“美”和“不美”来评判美术作品，是美术欣赏教学中的一大误区。美术作品的创作远不只是为了象形，艺术家寄托在作品中的主观情感和审美理想，才是作品的灵魂所在。因此，若不通过美术基础知识，对作品进行理性的分析，而以像和不像、美和不美去评述它，美术欣赏是难以收到良好效果的。

③要欣赏内容形式。美术作品的欣赏包括内容和形式两个方面，但在对美术作品的欣赏中，我们常会听到“只可意会，不可言传”的评述方法。其实，并不是什么“不可言传”，而是“不会言传”，其原因是缺乏对作品内容和形式的具体感受。教师只要对作品的内容和形式有具体的意会，都可言传，只是意会不清或语言贫乏，才会出现“不可言传”的现象。唯有教师自身苦下功夫，提高其自身专业、文化修养和语言表达能力，才能做到“能意会，可言传”，使语言既准确而又言简意赅。

④要实现师生互动。美术作品包含有多层次的信息，对美术作品的欣赏是作品的再创造，是建立在欣赏者认识水平上的作品信息交流。所以，对美术作品的赏析没有固定的标准答案。教师应尊重、保护、鼓励学生的看法见解，甚至是相反的观点，要引导学生充分发表源自内心的观点、感受，鼓励学生以创新精神从

多角度理解作品，激发学生发表真正属于自己的主张。

⑤要使用现代技术。现代教育技术给美术欣赏教学带来了生机和活力，这种融声音、图像、文字、动画、信息于一体的教学技术，弥补了传统教学方法的不足，使许多教学重点、难点迎刃而解。但现代教育技术不是万能的，教师不能一味滥用。

129. 信息技术教学的三层台阶

理论课教学是前提；
操作课教学是手段；
实践课教学是根本。

［诠释］

①理论课教学。所谓理论课教学，主要内容是讲授课程的引入、基本知识与基本技能。信息技术是一门基础工具课程，传统的课堂授课形式在信息技术教学中只适合基础知识、语言算法、小结讨论等内容的教学。

②操作课教学。操作课教学主要是让学生在巩固性练习中掌握知识，形成技能。信息技术课是一门实践性很强的课，因此，有关操作性比较强的教学内容应安排在机房进行，操作课时应占信息技术课教学的 70% 以上。教学时，教师可采用任务驱动的教学方法，培养学生的自学能力；要上好程序设计课，培养学生的创造力。

③实践课教学。课外实践课教学主要是教会学生如何将信息技术应用到实践中去，课外实践作为课堂教学的拓展和延伸，可分程序设计和应用技术两大类进行辅导。教师在课余可组织程序设计兴趣小组，在应用技术的课外实践中可把计算机当作信息处理的工具，让学生在整合各科所学文化知识的基础上，进行丰富多彩的创作和信息交流活动。

复习备考篇

复习备考，包括初中生参加中招考试的复习备考、高中生参加高考的复习备考以及期中、期末考试等各类考试。本篇复习备考智慧主要有：

复习策略：结合课标，紧扣教材，夯实基础，注重能力，多读精练，提高效率。文科复习战略：一轮复习按教材走；二轮复习按考点走；三轮复习按热点走。复习备考要研究课标，吃透教材，找根据；研究考点，吃透说明，找方向；研究考题，吃透细则，找规律。

复习课的主要任务是复习知识、完善知识、挖掘知识和总结知识。复习课要坚持系统性原则、重点性原则、针对性原则和主体性原则。复习课要抓好回忆、梳理、分析、练习、检测五步骤。

上复习课要做到：目标要明，择例要精，方法要巧，训练要活，矫正要快。备考训练必须讲必练、练必批、批必评、评必纠、纠必考。

130. 考试的真谛

考试不是为了分数，而是为了促进学生学习进步；
考试不是为了成绩，而是为了促进学生能力提高；
考试不是为了名次，而是为了促进学生全面发展。

[诠释]

传统教育观念认为，考试是对学生的知识和技能进行阶段性和总结性的检查与评价。现代教育观点认为，考试是促进学生智能发展的环节之一，是培养和发展学生思维能力、创新精神和增强自学能力的过程。教育心理学主张，考试是激发学生学习兴趣和进取精神的有效手段之一。现代学校管理学指出，考试是管理过程（即计划、实施、检查、总结）中后两个环节的主要手段和重要依据。可见，考试是学校教学过程的重要内容，分数是衡量一个学生学习状态的尺度。无论从哪个视角来看，学校考试都是为了促进学生学习进步、能力提高、全面发展的手段，而不是目的。

然而长期以来，我国中小学的考试却弱化了考试的“手段”功能，强化了考试的“目的”功能。第一，把学生引向为考试而学习的歧途。很多学生认为，考试的目的，就是为了分数的高低、名次的前后，使考试的作用黯淡无光。第二，把教师引向为考试而教学的误区。现在，很多学校仍存在按成绩排名、以分数论成败的现象，使考试的功能荡然无存。

教育离不开考试，但教育绝不只是为了考试。因此，我们要正确认识考试，恰当运用考试，科学分析考试。

131. 复习策略

结合课标，紧扣教材，夯实基础，注重能力，多读精练，提高效率。

[诠释]

①结合课标。课程标准是教材编写的依据，也是中、高考复习的最根本的依据。因此，教师组织学生复习时一定要紧密结合课标。

②紧扣教材。教材是课程标准的具体化，是中、高考命题的重要范围。因此，教师组织学生复习时一定要紧扣教材。

③夯实基础。基础即学科的基础知识和基本技能。尽管中、高考命题主要考查学生的能力，但能力是建立在基础知识扎实、基本技能熟练的基础之上。因此，教师组织学生复习时一定要夯实基础。

④注重能力。中、高考考查能力主要包括获取和解读信息、调动和运用知识、描述和阐释事物、论证和探讨问题等能力。因此，教师组织学生复习时一定要把能力的提高真正落到实处。

⑤多读精练。多读即多记忆、多巩固知识；精练即精准练习、精确训练。多读精练是中、高考复习最重要的方法。

⑥提高效率。无论教师让学生复习什么、怎样复习，其最终要求都是要提高考生的复习效率。

132. 文科复习战略

一轮复习按教材走；
二轮复习按考点走；
三轮复习按热点走。

［诠释］

中考、高考文科复习通常安排三个阶段，也称为三轮复习。一轮复习按教材走，强调以基础带能力，看基础知识通常如何用；二轮复习按考点走，强调以能力带基础，看哪些基础知识通常如何用；三轮复习按热点或重、难点走，强调以热点活基础，看基础知识如何能活用。

也有个别学校安排四轮复习：第一轮掌握全部考点，“全点”复习打基础；第二轮学会答要点，“答点”剖析找规律；第三轮了解热点，热点精练提能力；第四轮弥补弱点，弱点检测重补漏。

133. 复习课“三精”

教师备考复习要坚持“三精”原则，即精讲、精选、精练。

［诠释］

精讲：做到该讲的内容必须讲深讲透，但不能“满堂灌”。精选：一方面选择的试题必须是代表性题目；另一方面，在选题时要注意有不同的层次与梯度，能指向每个学生的“最近发展区”（最近发展区理论是由维果茨基提出的。该理论认为学生的发展有两种水平：一种是学生的现有水平，指独立活动时所能达到的解决问题的水平；另一种是学生可能的发展水平，就是通过教学所获得的潜力。两者之间的差异就是最近发展区）。精练：不能滥练。要减少练习题量，增加思考时间，把练习数量降下来，把练习质量提上去。

无论是教师还是学生，都要转变四个观念，即讲得多不等于掌握多，难度大不等于能力强，时间多不等于效果好，训练多不等于分数高。教师指导学生做练习要做到“三思而行”，即反思一材多问，提高发散思维能力；反思一题多变，培养探究应变能力；反思多题归一，感悟学科试题解题规律。

134. 备考“三研究”

研究课标，吃透教材——找根据；
研究考点，吃透说明——找方向；
研究考题，吃透细则——找规律。

［诠释］

备战中考或高考，作为教师要做到三个研究：一是研究课标和教材。课标即教育部颁布的学科课程标准，课标和教材是复习备考的根据。二是研究考点和说明。考点即考试要点，说明即考试说明，考点和说明是复习备考的方向。三是研究考题和细则。考题要研究近三年的中考或高考试题，细则即中考，高考试题评卷时的评分细则，通过研究考题和细则，要找出中考或高考的命题规律。

135. 复习课的任务

复习课的主要任务是复习知识、完善知识、挖掘知识和总结知识。

[诠释]

①复习知识。既要注意对基本概念、基本要点、基本规律、基本原理等知识的复习，也要注意对原则规则、方法步骤等知识的复习。

②完善知识。在同步学习时，由于各种原因导致一些学生学习不全面、不到位等问题，这就需要教师指导学生在系统复习的基础上进行查漏补缺。

③挖掘知识。有的知识靠一次学习是不可能完全理解的，在复习时需要教师进一步挖掘教材，拓展教材，以加深理解。

④总结知识。一是总结知识规律，让学生进一步加深理解；二是总结答题规范和方法技巧，提高学生应用水平；三是总结学习方法，以促使学生更加有效地学习。

136. 复习课“四原则”

复习课要坚持系统性原则、重点性原则、针对性原则和主体性原则。

[诠释]

①系统性原则。教师要指导学生系统复习，帮助学生系统总结。所谓系统总结，就是在对每个知识点进行复习的基础上，加强对知识点彼此联系的认识，使学生对所学知识有一个清晰的、准确的、完整的印象。

②重点性原则。一方面，要突出教材的重点、难点、考点，并对它们进行挖掘延伸，避免简单重复；另一方面，要突出对薄弱环节和易错试题的分析研究与纠正。

③针对性原则。根据学生对知识的掌握情况组织教学。在具体施教中，首先要采取多种方式调查学情，或先回忆，或先回答，或先测试等，然后再根据具体情况进行点拨讲解、思考探究或强化训练等。

④主体性原则。学生是复习的主体，教师要引导、组织学生参与复习的全过

程，多动手、多动口、多动脑、多思考、多实践。

137. 复习课“五步骤”

回忆——回忆所学主要内容；
梳理——梳理总结归纳知识；
分析——分析重点难点问题；
练习——提高学生解题能力；
检测——检测反馈复习结果。

[诠释]

①回忆。回忆，就是让学生将过去学过的旧知识不断提取而再现的过程，回忆是复习课不可缺少的环节。教师要有意识地引导学生看课题回忆所学知识，看课本目录回忆单元知识，让他们进行讨论、口述。复习开始时，教师先向学生说明复习的内容和要求，然后引导学生回忆。回忆时，可先粗后细，并让学生进行充分讨论，在此基础上引导其进行口述，或出示有关复习提纲。

②梳理。梳理是复习课的鲜明特征。“梳”是引导学生对所学的知识进行梳理、总结、归纳，帮助学生厘清知识脉络，分清解题思路，弄清解题方法。教师要根据学生的回忆，进行从点到线、由线及面的总结，做到以一点或一题串一线、连一面，特别是要注意知识间纵横向联系和比较，构建思维导图。教师要教会学生归纳、总结的方法，在帮助学生厘清知识脉络时，可以根据复习内容、教学信息容量的多少，分项、分步进行整理。

③分析。教师对单元中的重点内容和学生中的疑难问题作进一步的分析，帮助学生解决重点、难点和疑点，从而使学生全面、准确地掌握教材内容。这一环节重在设疑、答疑和析疑，如内容较多时，可以分类、分专项进行分析、对比。

④练习。选择有针对性、典型性、启发性和系统性的问题，引导学生进行练习。通过练习，提高学生运用知识解决实际问题的能力，发展学生的思维能力。练习时，可通过题组的形式呈现练习内容。内容要注意知识技能和知识的纵横

联系，抓一题多解或一题多变，做到举一反三，使学生通过练习不断受到启发，在练习中进一步形成知识结构。在练习设计中，教师可通过典型多样的练习，帮助学生系统整理；设计对比练习，帮助学生沟通与辨析；设计综合发展练习，提高学生的解题能力。

⑤检测。教育心理学十分重视教学评价与反馈，认为通过教学评价能给予学生一种成功的体验或紧迫感，从而强化或激励学生好好学习，并进行及时的反馈和调控，以改进学习方法。复习完成时，教师可选取数量适当的题目进行当堂检测，让学生对复习的结果进行检测、评价与反馈。

138. 复习课“五要”

上复习课要做到：目标要明，择例要精，方法要巧，训练要活，矫正要快。

［诠释］

①目标要明。一是复习的内容要明确，二是知识的层次要明确，三是复习的要求要明确。

②择例要精。教师选择例题时要做到“三性”：一是准确性，符合课程标准，谨防过深或过偏而加重学生过重的课业负担；二是典范性，体现重要知识点，有“范例”作用；三是综合性，体现各类知识的纵横联系，培养学生的综合解题能力。

③方法要巧。教师指导复习时要做到四点：第一是定调，给出复习“导引单”，学生依课标复习；第二是给法，对学生复习方法给予具体指导；第三是树靶，对复习中的疑难问题展开辩论，审视真伪；第四是立样，对学生辩论的结果给出是与否的回答，澄清模糊认识。

④训练要活。第一，在训练的内容上要活，要选择内容新颖、规律隐藏、思路灵活的习题训练，创造新的思维情境；第二，在训练的层次上要活，采取巩固训练、模仿训练、变式训练和综合训练等灵活方式；第三，在训练形式上要活，加强“一题多变”“多题归一”的训练。

⑤矫正要快。对反馈中出现的错误信息，教师要及时加以矫正和补救，及时解除学生的困惑。对个别疑难问题采取分散指导、个别矫正的方式进行；对普遍

性的疑难问题采取集中会诊、集体订正的方式进行。

139. 备考训练“五必须”

讲必练：增强考点的应用性；
练必批：了解成绩的真实性；
批必评：注重评卷的针对性；
评必纠：狠抓应考的规范性；
纠必考：巩固能力的稳定性。

[诠释]

模拟训练是中考、高考复习备考的重要环节。教师在复习备考中要做到：有讲必练，有练必批，有批必评，有评必纠，有纠必考。即：复习知识必须要有配套练习，以增强考点的应用性；学生做完练习教师必须尽快批改，以了解成绩的真实性；教师批改后必须讲评，要注重评卷的针对性；在讲评中对于错题必须纠正，狠抓学生应考的规范性；教师讲评一周后把错题再让学生考一次，以增强巩固能力的稳定性。

140. 复习课“六讲”

讲清目标，讲准重点，讲透难点，讲明疑点，讲活热点，讲出规律。

[诠释]

①讲清目标。教学目标是指一堂课的教学目的和要求，即每堂课应着重解决什么问题，达到什么要求，应该让学生明确。具体的做法是：首先，在授课前，教师向学生出示复习提纲。复习提纲主要包括知识点、重点、难点和热点四个部分。其次，针对提纲。从识记、理解、运用和综合四个方面做出简要说明。这样，学生在听课时，就能做到心中有数，知道听什么、记什么，哪些应该了解，哪些应该重点掌握。

②讲准重点。教学重点是指起关键作用、主要作用的知识，讲清重点是提高

课堂教学效率、实现教学目标的重要环节。因此，在复习课教学中，教师要突出重点，抓住关键，集中精力和时间讲准重点，切忌胡子眉毛一把抓。这样才能做到事半功倍，取得较好的复习效果。

③讲透难点。教学难点是指学生难以理解、易于混淆、容易误解、不易掌握的知识。教学难点是复习课教学的暗礁，讲解不透就会给学生的复习造成障碍，影响复习的顺利进行。因此，在复习课教学中，教师要善于发现难点，攻克难点。

④讲明疑点。教学疑点是指学生思想认识中存在的疑惑问题，它常见于学生对知识的理解和运用中。在复习课教学中，教师要注意了解学生思想认识中存在的疑惑，做到胸有成竹，以便在教学中有针对性地解决学生的疑惑问题。讲透疑点，贵在讲清疑惑的原因，学生明确了疑惑的原因，疑点便会迎刃而解。在讲解中，教师可采取设疑、质疑、释疑的方法解决学生的疑难问题。

⑤讲活热点。教学热点是指与学生的思想认识实际和现实生活紧密结合，带有倾向性、普遍性的问题。随着我国改革开放的不断深入和国际形势的变化发展，出现了许多新情况、新问题，这就要求教师在教学中，有针对性地引导学生运用教材中的有关知识去解释、探究这些问题，使教材知识与热点问题有机结合，这样做可以提高学生的学习兴趣和分析问题、解决问题的能力，但联系热点不能生搬硬套、牵强附会。

⑥讲出规律。这里的“规律”主要有两个方面：一是知识之间的内在联系；二是解答试题的方法与技巧。由于每堂课涉及的知识都不是孤立的，而是彼此关联、纵横交错的，因此在复习时，要注意将知识重新组合、归纳，使之形成系统、网络，并将这些规律性的知识让学生牢固把握。同时教师在复习课教学中，要注意解题思路的点拨和引导，以提高学生的解题方法与技巧。

141. 试卷讲评课“九要点”

准备周全，有的放矢；
把握时机，及时讲评；
指导审题，找准方法；
因题施教，就重避轻；
分门别类，对症下药；
举一反三，触类旁通；
温言鼓励，循循善诱；
双向沟通，师生互动；
分类整理，有效重温。

[诠释]

①准备周全，有的放矢。试卷讲评课的准备工作，在阅卷时就应开始。教师要将学生答卷情况做好记录，记清哪些试题答得好，哪些试题失分多，哪些是因缺技巧失分，哪些因粗心失分，哪些是普遍现象，哪些是个别现象等。通过统计和分析，写好试卷讲评课教案，讲评时才能做到有备无患、切中要害。

②把握时机，及时讲评。测试结束后，大部分学生都急于知道自己的成绩，而且对试题及自己的解题思路印象还比较深刻，此时讲评能够收到事半功倍的效果。因此，每次测试后，教师一定要抓紧时间阅卷，迅速统计数据，做好试卷分析，摸准学生的心理，及时讲评，越快越好。

③指导审题，找准方法。讲评中教师应加强对学生答题方法的指导，一要指导学生学会读题、审题、理解题意，正确把握答题方向；二要指导学生理清答题步骤，注意答题的条理性和规范性；三要指导学生提高答题速度，并能在试题难度较大的情况下，机动灵活地予以解答。

④因题施教，就重避轻。一套试题中各道题的难度是不一致的，学生出错的数量也肯定是不一致的。讲评时，教师对很少有差错的试题，通常不讲评或点到为止；对部分学生有差错的试题，视具体情况适当讲评；对绝大多数学生有差错的试题，往往属于迷惑性、综合性较强的考题，应重点讲评。

⑤分门别类，对症下药。试题是一样的，学生是不一样的，对不同的学生，教师应该用不同的方法。试卷讲评之前，教师应仔细分析和研究试卷，以便对症下药；试卷讲评结束后，要反思自己是否遗漏，是否讲透，并主动了解同学们对讲评的反应，以便课外个别辅导和实施补偿性教学。

⑥举一反三，触类旁通。批阅试卷时，教师应注意发现学生能否正确运用教材上的基本概念和基本规律答题；讲评试卷时，教师应把每个试题都纳入知识体系中，紧扣教材分析讲解。

⑦温言鼓励，循循善诱。有的教师把试卷讲评课变成对学生的批评课，一味地责怪学生。其实，学生答错了题目，既反映了学生学习存在的问题，也反映了教师教学的问题。教师既要从学的角度分析，也要从教的角度思考。如果是自己的责任要主动承担，对稍有进步的后进同学，要在讲评时给予适当表扬，这样可以鼓舞士气，提高其学习的积极性和主动性。

⑧双向沟通，师生互动。试卷讲评中，教师要充分发挥学生的主体作用，多让学生自己讲；对跨度大、综合性强、学生完成普遍感到困难的考题，也可以先让学生讨论，在讨论的基础上再由教师综合点评，最后形成参考答案，这样有利于提高其分析问题和解决问题的能力。

⑨分类整理，有效重温。有的教师在试卷讲评课上，要求学生把做错的试题再做上多少遍，甚至要求学生把试卷再抄一遍，这样既增加了学生的学业负担，也不一定能达到预期的效果。最好的办法是，教师要求每人准备一个错题本，将典型错误分类整理，让学生当堂做一次加以纠正，等到一周后把做错的试题再做一次。

附：怎样上好试卷讲评课

讲评课要坚持的原则：一是针对性。讲其所需，释其所疑，解其所难。二是诊断性。分析原因，指点迷津，传授方法。三是辐射性。以点带面，画龙点睛，举一反三。四是启发性。启发思维，点拨思路，发散开拓。

讲评课要落实“五个能让”：能让学生分析的要让学生自己分析，能让学生表述的要让学生自己表述，能让学生动手的要让学生自己动手，能让学生思考的要让学生自己思考，能让学生得出结论的要让学生自己得出结论。

讲评课的宗旨：以科学增分作为第一要义，以学生为本作为核心立场，以知识能力素养提升作为基本要求，以统筹兼顾作为根本方法。

讲评课要讲规律，讲方法，讲思路，讲规范，讲迁移。讲评课的20字诀：规律总结，知识迁移，方法指导，题目变型，错题再练。教师要求学生每道错题做三遍。第一遍：讲评时；第二遍：一周后；第三遍：考试前。

教学研究篇

教学研究，是教师为了改进教学方法而进行的一系列研究活动。本篇教学研究智慧主要有：

教师是教育科研的主体，教育科研是教师教学生命的一部分，只教书不教研是不思进取。教学研究不盲目崇拜权威，教育科研的魅力在于对教学实践的研究，教育科研重在解决教学中的实际问题。教师教研要做到眼勤，多读书；耳勤，多听讲；嘴勤，多交流；腿勤，多调研；脑勤，多思考；手勤，多动笔。

中小学课题研究要走出困境，课题研究重在应用。优质课赛讲应重实效而非作秀。教学反思主要记成功之举，记“败笔”之处，记教学机智，记学生见解，记再教设计。

教师与教师相比，教学能力的差距并不大，教学水平的差距并不高，教学管理的差距并不明显，其最大的差距就在于写作。教师写作，与实践相随，与阅读同行，与思考为伴。

142. 教师的两张“名片”

作为一名成功教师，应该打造好两张“名片”：一是做好教学本职工作，成为教学艺术的行家；二是做好教学研究工作，成为教育科研的专家。

［诠释］

传统意义上的教师，其专业职责是立德树人。一位教师，只要他教育、教学工作做得好，班级管理好，学生成绩好，就可以说他是一位成功的教师。

今天，虽然教师立德树人的本职工作并没有改变，但时代显然对教师提出了更高的要求。一位现代意义上的成功教师，应该打造好两张“名片”。第一是在教育教学本职工作上，做教学艺术的行家；第二是要重视反思、总结、研究和交流，做研究型教师，成为教育科研的专家。如果教师有数十篇的文章能见诸报刊，有一两本教育教学专著正规出版，则是当代教师成名成家的必经之路，也是教师的研究成果获得社会认可的最佳途径。

143. 不盲目崇拜权威

如果你从来就没有教过学，那么请你不要告诉我应该如何教学；如果你从来就没有上过课，那么请你不要告诉我应该如何上课。作为一名教师，我们不能一味崇拜教育专家空洞的理论，不能一味照搬教学权威脱离实际的说教。

［诠释］

在课程改革中，专家的专业引领能有效地提高教师理解和把握新课程的理念和能力，促进新一轮课程改革的顺利实施。然而，由于一些专家不可能做到对教学一线所有情况都准确、全面地掌握，理论类专家又缺乏对基础教育实践的切身体验，以至于专家在提供专业支持时，提出的教育理论、教育理念、教育观点不可能全部还原到教育教学的现实生活中，对实践者的指导也无法做到事事都有针对性。

随着我国教学模式研究的兴起，直接套用别人的教学模式曾经在教师中成为一种“时尚”。但每一个教师所在的课堂都是一个独特的课堂，在课堂情境中所产生的问题也是独特的问题。教师在教学实践中，如果一味生搬硬套他人的教学模式，要么是不能有效地解决自己教学中的问题，要么是使自己的课堂变成了他人课堂的翻版。

144. 只教书不教研是不思进取

只教书不教研，是不思进取的教师；
只教研不教书，是不务正业的教师；
既教书又教研，是令人敬佩的教师。

［诠释］

这里所说的教研，主要是指教育科学研究，也包括我们平常说的普通教研活动。在教师队伍中，仍有教师没有摆正教学与教研的关系。不少教师误认为搞教研会影响正常的教学工作，因而不愿在教研上花费更多精力；也有个别教师为了做好教研，而不愿承担教学任务，甚至想彻底放弃教学。其实，教学与教研是紧密联系、不可分割的。作为一名教师，从走上讲台起，不论是否自愿，都不可避免地要参与教研活动。教研，无疑是教师提升业务能力的最佳途径。参加教研活动就意味着学习，意味着实践，意味着反思，意味着上进。

只教学不搞教研的教师，其教学是肤浅的；只搞教研不搞教学的教师，其教研是空洞的；既教好学又搞教研的教师，其教学成就无疑是有深度的。

145. 教研要做到“六勤”

眼勤——多读书；
耳勤——多听讲；
嘴勤——多交流；
腿勤——多调研；
脑勤——多思考；
手勤——多动笔。

［诠释］

①读书是教研的前提和基础，也是教研的起点。教师不仅要多读书、爱读书，还要读书广、读好书；不仅读专业知识方面的书，还要读教育理论方面的书，更要读教育实践方面的书等。

②多听讲是教师提高业务水平的有效捷径。一是多听专家讲座。专家在某个领域具有一定权威，多听专家讲座，会给我们的教研带来有益的启迪。二是要多听课。教师既要听同行教师的课，也要听相近学科教师的课，还要听其他学科教师的课。

③加强教研交流，是提高教研能力的重要手段。教师与教师之间要加强沟通与交流，可以起到同行互助、专业引领、共同提高的教研效果，千万不可故步自封、闭门教研。

④调查研究是获得教研第一手资料的关键。教师要多深入教学第一线，深入课堂，深入学生，多做调查研究，避免犯主观主义错误。

⑤阅读决定高度，思考决定深度，思考是教师教研的必备条件。教师在工作上要勤于思考和善于思考，以形成自己的个性，做一个有批判精神的思想者。如果教师没有独立的思考精神，他的教研工作就很难向前开展。

⑥教师写作是教研的动力。教师应多注重自己的学识积累和生活积累，多拿起笔来写自己的成功之处和不足之处；多在自己有感而发和有感而写之时，以教育故事、教学日记、教学反思、教研随笔等方式去动笔，这样天长日久，就能成为一名有教研理念、教研能力、教研成果的教师。一些优秀教师的成功经验表明，善于“以写促学”“以写促思”“以写促研”，往往是教师快速成长的奥秘所在。

146. 教师是教育科研的主体

教师专业成长的关键和重点是研究，教师是教育科研的主体。教师应与创造为伍，充满发现的喜悦；与探究为伴，充溢探究的乐趣。

［诠释］

教育科研，是以教师为主体的教育科研。只有教师成为教育科研的主体，才能使教育科研与教育实践二者有效地沟通起来。教师这一概念绝不应被平庸笼罩，而应与高尚、创造、探究为伍。教师的劳动性质不是简单、枯燥、接受，它是复杂而有意义的劳动，应充满发现的喜悦和探究的乐趣。

传统的教学观念认为，教学和教研是彼此分离的，教师的任务是教书，教研是专家的“专利”。因此，有的教师平时很少问津教学科研活动，即使参加也是作为一种点缀和形式。现代教学观念主张教师应投入到教学科研中，结出“原创性”的成果。教师应以主动的姿态，多反思自己的教学，多参与教研进修，多参与教学培训，用研究者的眼光审视和分析教学实践中出现的各种问题，学习新的理念，探究新的领域，总结新的经验。

147. 教育科研重在解决教学实际问题

教师所从事的教育科研，如果仅在于为评职称做准备，为评先进打基础，而与教育实践的改革无关，与教学问题的解决无关，这样的教研是毫无意义的。

［诠释］

教师从事的教育科研与专业研究者的教育科研，最大的不同点在于，教师教研要着眼于实际问题的解决，要将研究成果运用于教育实际中去。教师之所以做研究，是因为教育实践面临问题和矛盾的需要，教师研究的成果也必须运用于问题的解决和矛盾的破解。因此，教育科研要从学校改革与发展的要求出发，从教师的教育教学实际出发，着重思考教育科研的定位，着重搭建教育科研的平台，着重衡量教育科研的标准，着重审视教育科研的价值。

新时代的中小学教师，大多有自己的科研课题，大多有用论文形式表现出来的研究成果。但这些成果不能仅仅停留在铅字形态上和文字表达上，不能仅仅停留在课题研究的申报和结题上，而是要应用到教育教学实际的改进上。换句话说，在多大程度上解决教育实际问题，在多大程度上改进教学实践，在多大程度上提升教师教育教学水平，才是衡量教师教育科研价值的最终标准。

148. 教育科研的魅力在于对教学实践的研究

中小学教育科研的魅力，并不在于验证某种既定的理论，并不在于诠释某个专家的论断，而在于对日常生活实践的研究；中小学教育科研的智慧，并不在于“贪大求全”，也并不在于“一鹤冲天”，而在于对局部问题的脚踏实地的研究。

[诠释]

一些中小学教师开展教育科研，有时会不自觉地向专业研究者看齐，想方设法地引用大量的理论文献，先介绍国外学者怎么认识，后分析国内学者有哪些观点，最后再谈谈自己的见解。似乎只有和精深的理论携手，才能彰显出研究的力量和分量。殊不知，中小学教育科研的魅力并不在于验证某种既定的理论，其鲜活的生命力并不在于诠释这个专家或那个学者的论断。它在教育科研之林中，之所以有存在的意义和价值，恰恰是对一线教学现场的把握，恰恰是对日常生活实践的研究。这样的研究也恰恰是专业研究者难为或不能为的。

有些中小学教师选择的教育科研课题常常比较宽泛，涉及因素众多，动辄就是学校的整体性变革或综合改革。教师选择这样的课题后，即使是从事研究，其问题的探讨也多为浅尝辄止，有欠深入。其实，真正的研究并非“大题小做”，而多为“小题大做”；教师的智慧也并非“一鹤冲天”，而多为“积小智而成大智”。对局部关键性问题的脚踏实地的研究，所产生的辐射、互动、连带作用，有时远胜于浮于表面的面面俱到的研究。

149. 教育科研是教师生命的一部分

喜欢读书、喜欢思考的教师，随时会有有用的信息激活自己的思想，到处都能发现研究不完的课题。这时教师的教育科研愿望油然而生，教育科研已经成了自己生命中的一部分。

[诠释]

教育科研不是为研究而研究，而是为教育教学而研究。对于广大教师来说，从事教育科学研究的最主要目的就是解决教育实践中的问题。如今，“教育要改革，科研须先行”“向科研要质量，科研兴教，科研兴校”的思想已深入人心。教师已成了教育科研的主力军，教育科研亦成了教师成才的必由之路。

如果教师把教育科研看作是对自己教学的补充，是自己专业生活的一种方式，那么他就会凭借自己的力量，把研究同自己的教学实践紧紧地联系在一起，就会成为研究的主人。一旦教育科研成为中小学教师的一种态度，成了生命中的一部分，并且这种态度和专业生活方式是集教育、研究、学习和反思于一体的，那么，教师就会真正走进属于自己的教育教学研究，就会通过教育科研来检验自己对教育教学的看法是否正确，检验自己解决问题的假设和办法是否真正有效，而不会再把教育科研当作幌子，也就不会再去搞那些作秀式的教研课题了。

150. 把自己当作研究的对象

研究自己，就是教师把自己当作研究对象，琢磨、体验、品味、反思自己的教育行为；同时也通过别人来反思自己，关注、研究、咀嚼、审视别人的教学实践和教育思想，从而不断提升自己的教学水平。

［诠释］

教师要具有独具个性的思考精神并贯穿于教育教学的每一个环节和整个过程。这里的思考首先是指对自己的“研究”，即把自己当作研究的对象，揣摩、琢磨、体验、品味自己的教育实践和教学思想；同时，“研究”也包括关注、研究、咀嚼、审视别人的教育实践和教学思想。“研究”就是既直接反思自己的教育行为，也通过别人来反思自己，从而不断提升自己的教育水平。

教师研究自己，首先要进行深刻的自我反思。自己的教育理念到底是什么？有没有前瞻性？自己有没有更高的教育教学追求？自己的教育责任感、使命感是否到位？自己的学识积累是否满足学生的求知欲望？自己的专业知识、技能水平是否与时俱进？自己的教学模式、教学方法能否适应学生？自己是否能做到及时总结教学得失、不断充实和完善自己？自己的教学艺术、教育机智能否形成独特的风格？自己的教育智慧能否从容地引导学生面向未来？在新时代激流中自己能否始终做到率先垂范、为人师表？在学生与同事心中自己是否值得他们尊敬和爱戴？……

教师研究自己，其次就是要看清自己所处的环境，明白自己的优势，发现自己的不足，从而向最好处努力，在曲折中不断成长。反思的过程是发现的过程、弥补的过程，也是研究的过程、提升的过程。理论在反思中学习，品质在反思中提升，知识在反思中丰富，技能在反思中产生，不足在反思中补充，形象在反思中树立，地位在反思中奠定。一线教师如果离开了教研，自己也将平庸一生。

151. 教研的高度决定教学的深度

书本的厚度决定教研的高度，教研的高度决定教学的深度，教学的深度决定目标的准度，目标的准度决定质量的效度。

［诠释］

教研的高度决定教学的深度，也可以说是教师的专业知识水平决定教学的深度。教师要站得高，就必须坚持用教研促教学，用教学促教研。从目前中小学教师的研究现状来看，对教育和教学的研究较多，对专业知识的研究则较少，这容易使教师的专业知识陈旧肤浅，从长远看会影响教师的教学能力和教学水平。大部分青年教师成长过程中的最大问题，就是在大学毕业以后，就中断了系统的专业学习和知识更新，随着教学年头的增长，知识日益陈旧，知识面日益狭窄，其专业知识只是停留在与中小学教材相关的知识层面上。

教育教学研究和专业知识研究应该并重，且不应该偏废一方。只有从事学科的学术研究，才有可能出现相应学科的学者型教师。如果在中小学教师中能有一批学者型教师，那么中小学教育教学的面貌肯定会大为改观，制约素质教育的“瓶颈”也就可以随之被打破。教师的专业水平假如不过关的话，什么素质教育，什么新课程理念，什么核心素养，最后难免都会大打折扣。

152. 中小学课题研究要走出困境

中小学课题研究要走出困境，再不能热热闹闹立项，马马虎虎开展，真真假假研究，简简单单结题，冷冷清清应用。

［诠释］

在中小学课题研究的过程中，存在有很多不足的地方。课题研究经常出现有“两头”（申报与结题）、没“中间”（研究过程）的现象。课题开头时填几份表格申报，结题时发表几篇文章对付。出现课题立项时热热闹闹，实施开展起来马马虎虎，中期验收真真假假，结题评审时简简单单，课题结题又冷冷清清不应用、不推广的现象。出现上述困境的原因是多方面的，但主要还是因为不少教师不懂得如何做课题研究。

学校教师做课题研究，不同于专门的研究机构，也不同于高等院校的专业研究。中小学教师（包括幼儿园教师）从事课题研究具有基础性、兼职性、草根性的特点，多为行动研究。教师要结合自己的工作实际来进行，不一定要求有多么完整的理论体系和理论架构。

中小学教师课题的设计要做到：发现问题—提出问题—学习理论—深化思考—梳理思路—精心设计。首先，在日常工作中做个“有心人”，经常思考一些问题；其次，锁定目标，学习钻研有关这一问题的理论知识，尽可能多方面搜集关于这一问题的研究资料；再次，深入思考自己提出的问题，拓展延伸，打开思路，开阔视野，兼容并蓄，海纳百川，让自己在这一问题之上成为“专家”；继而，潜下心来做好行动研究设计，细化研究步骤，科学分配时间、人力、财力，完成初步设计；最后，约请、咨询专家，帮助把把脉、提提意见或建议。

153. 课题研究重在应用

> 只教书不研究，是满足现状的教师；
> 只研究不应用，是贪图虚名的教师；
> 既研究又应用，是积极进取的教师。

［诠释］

时下在中小学教师队伍中，对教育课题的研究与应用，可以划分为三种情况：一是有超过半数的教师是满足现状，对课题既不研究又不应用，或者只按照学校的要求机械地进行教学而不研究。二是有四分之一的教师是为了评职称、当先进的需要只研究不应用，他们或者“闭门研究”，对课题架空操作，并没有开展实质性研究；或者“刮风研究”，对课题是一哄而起，又一哄而散；或者“应景研究”，课题在开题时只是编撰一个方案，到结题时匆忙拼凑几篇论文和组装一个结题报告了事。三是只有极少数人积极进取，不断探索教育教学规律，并把课题研究成果应用到教学实践中去，取得了积极的效果。

154. 名师要具有不凡的学术勇气

名师要具有：不凡的学术勇气，强烈的课题意识，执着的探究精神，丰硕的研究成果。

［诠释］

真正的学术勇气，是在自己的理论和权威相悖时，能够冷静地判断，既不盲从，也不盲目地否定。课题意识，就是问题意识、研究意识。教师具有学术勇气和科研意识，是实现由“工匠型”教师向“科研型”教师、“专家型”教师转变的重要条件。教师没有学术勇气和科研意识，就没有教师的专业发展。教师具有了学术勇气和科研意识，就具有了研究的眼光和开阔的视野，有了自己的思想和丰富的智慧；就具有了教育教学的特色和成就，就能真正履行教师的职责，感悟教育之道；就能促进教师的专业发展，体验到教师职业的幸福感。

教育科研意识，首先表现为教师对教育事业的一种执着精神。教师只有以献身教育的热情和信念作为支撑物，才有可能具备探究精神。教授知识、开发心智、启迪心灵是一项最富于创造性的极其复杂的实践活动，也是一项极其艰辛和极需牺牲精神的平凡工作，热情、执着、富有信念便成为从事这一事业所需要的最可贵的品质。教师一旦具有了这些品质，才可能自觉地、有意识地去追求和探索教育活动的底蕴，才可取得丰硕的研究成果。

155. 课例研究使教研常研常新

经常开展课例研究，教师才会常学常新，教学才会常教常新，教研才会常研常新。

［诠释］

课例研究是日本和美国中小学常见的研究方式，目前正成为我国中小学重要的教研形式之一。课例是关于一堂课的教与学的案例。课例研究是以教师的教学实践为基础，通过对一节课全程的描述或对其中若干个教学片段的描述，使之形成个人反思的对象、理论研究的素材或他人学习的范例。

课例研究为教师集体听课、课后相互评论、共同改进教学提供了平台，为深化教学研究提供了有效途径。因此，教师经常开展课例研究，对于学习教育新理论、实践教学新方法、研究教学新成果，都具有重要意义。

课例研究反映的是课堂教学活动从“设计”到“实施”的过程，把研究融入备课、说课、上课、听课、评课全过程。说课时，一人主说，大家补充；上课时，一人执教，全组聆听；评课时，一人主评，集体评议。

课例研究具有以问题解决为中心、以反思为前提、以观察为手段、以教学问题为对象、以互动对话为特征、以行为改变为目的等特点。研究成果主要包括教学设计、教学实录和教学反思等。

156. 优质课赛讲应重实效而非作秀

教师参加优质课赛讲，应重内容而非形式，重落实而非表演，重实效而非作秀，重学生而非教师。

［诠释］

时下，各级教研部门组织的优质课赛讲，课堂热热闹闹，形式五花八门，无论是教师的表演，还是教学的设计、教学手段的运用都做得非常完美。但问题在于，有的学校为了教师参加教学大赛，特意请来名师、专家“把脉”，反复修改教案，对课堂的每一细节都“精雕细琢”，然后精心排练，多次试讲。其结果是优质课变成了作秀课，讲课教师在评委面前精心“作秀”，所教学生在赛场上配合“作秀”，以赢得听课教师的掌声和赛讲的名次。

现有的优质课的评价指标也过于量化，从表情、语速、板书，到时间安排、课堂气氛等，一一划分等级，在一定程度上也影响了教师教学水平的发挥。况且完全用量化指标评价课堂教学，也并非就能反映其教学的真实效果。

157. 教师评课的角度

教师评课要注意六个角度：教学目标是否落实，教材处理是否得当，教学程序是否合理，教学方法是否科学，教学基本功是否扎实，教学效果是否高效。

[诠释]

①教学目标是教学的出发点和归宿，它的正确制订和落实，是衡量一堂课好差的主要尺度。所以评课首先要评价教学目标是否达到。

②评课时，既要看教师教授的知识是否准确科学，更要注意分析教材处理和教法选择上是否突出了重点，突破了难点，抓住了关键。

③教学程序评析首先看教学思路设计。教学思路是教师上课的脉络和主线，评课者评教学思路，一看教学思路的设计符不符合教学内容和学生；二看教学思路的设计是不是有一定的独创性；三看教学思路的层次、脉络是不是清晰；四看教学思路实际运作是否达到预期效果。其次看课堂结构安排。课堂结构也称为教学环节或步骤，通常一节好课应该是结构严谨，环环相扣，过渡自然，时间分配合理，密度适中。

④教学方法包括教师教学活动方式和学生在教师指导下的学习方式。评析教学方法主要有三个标准：一看是不是因材施教，二看是不是改革创新，三看是不是效果最佳。

⑤评价教师的教学基本功：一看板书，二看教态，三看语言，四看操作。

⑥课堂教学效果是评价课堂教学的重要依据。课堂教学效果评析包括：一看教学效率是否高，二看学生受益面是否大，三看学生学得是否轻松愉快。

158. 教师说课的环节

教师的说课要注意四个环节：说教材——教什么；说教法——怎么教；说学法——怎么学；说过程——教学过程怎么安排。

[诠释]

说课是在教师备课的基础上，向同行和专家叙述教学设计及其依据的一种教学研究活动。其基本环节有：

①说教材。一说所教内容的地位作用；二说教学目标的确定；三说教材的重点、难点。

②说教法。教学无论采用什么样的方法，都要始终贯彻“具有启发性”“突出主体性”“注重思维品质”等原则。说教法要说明教学方法的选择、教学手段的运用等。

③说学法。主要说明如何实施学法指导，要注重对某方法指导过程的阐述，说明教师是通过怎样的情境设计，学生在怎样的活动中，养成哪些良好的学习习惯，领悟出何种科学的学习方法等。

④说过程。这是说课的重点部分，它反映了教师的教学思想、教学个性与风格。教师通过对教学过程设计的阐述，可以看出教学安排是否合理、科学和艺术。说教学过程主要包括以下内容：一说教学思路的设计及其依据；二说教学重点、难点的处理；三说各教学环节的时间分配；四说板书设计及其依据；五说课后小结及其练习。

159. 听课“听”什么

“听”本堂课的结构；
“听”重点难点突破；
“听”课堂情境气氛；
“听”课堂教学细节；
“听”教学闪光之点；
“听”板书媒体运用。

[诠释]

①“听”本堂课的结构。课的结构是指课的组成部分及各部分的顺序和时间分配。课型不同，课的结构也不同。教师在听课时，首先要听授课教师是怎样安

排课堂结构的。

②“听”重点难点突破。一节课的重点难点能否突破，标志着这节课的成功与否。听课时就要听教师是怎样突出重点，化难为易，突破难点的。

③“听”课堂情境气氛。教师是通过何种方式让学生积极参与教学活动的？是以激情感染学生，还是用亲切的语言鼓舞学生？这些都是教师听课时需要特别注意的。

④“听”课堂教学细节。细节，往往是教师综合素质的流露，有经验的教师举手投足间都能体现出教育意图。一个肯定的眼神，往往起到意想不到的效果。有经验的教师经常用“试试看”“还没准备好”“还有没有要补充的”“还能不能再完善些”等非常有人情味的言语，让学困生积极参与，体现了教师对学生的真心关爱，体现了面向全体、以人为本的真谛。

⑤“听”教学闪光之点。在听课时，教师一定要首先抱着一种虚心学习的态度，要积极调动自己敏锐的眼光，善于去发现授课教师课堂上的每一点闪光之处，然后慢慢品味，细细揣摩，再将其借鉴到自己的课堂上去实践印证。

⑥“听”板书媒体运用。一般说来，板书要详略得当、重点突出，能起到提纲挈领的作用；层次分明、脉络清晰，增强直观效果，同时也有利于引导学生由形象思维向抽象思维过渡。恰当运用多媒体，不仅能调动学生的学习兴趣，增大课堂教学信息的容量，更重要的是有助于提高学生的接受能力。但是多媒体运用不是多多益善，先进的多媒体未必能收到良好效果。听课时要注意结合教学内容，看授课教师是如何选择媒体的，其运用是否行之有效。

160. 教学重在反思

在教学中反思，在反思中感悟，在感悟中总结，在总结中提高。

［诠释］

叶澜教授曾经说过，一位教师写一辈子教案不一定成为名师，而坚持写三年教学反思就有可能成为名师。教学反思是教师利用科学的教育教学理念，对主体的教育教学实践进行审视与思考的教育教学研究活动，因而对于教师专业化发展具有不容忽视的作用。

教学重在反思，要学会静下心来不断叩问自己内心深处发出的声音。如果只知重复，一味照搬，教学工作“年年岁岁花相似”，又哪会出现“岁岁年年人不同”的新气象呢？因此，反思这一步很重要，思广则能活，思惑则能深，思深则能透，思透则能明。

教学反思一是对每堂课的成功之处进行反思；二是对课堂教学中的失误之处进行反思；三是对教学环节的疏漏之处进行反思；四是对如何进一步提高课堂教学效率进行反思；五是对学生反馈的问题进行反思。

撰写教学反思，贵在及时，一有所得，及时记下；贵在求实，要写得实实在在，有话则长，无话则短，摒弃华而不实的做法；贵在坚持，要持之以恒，执着地追求；贵在实践，以记促思，以思促教，以思促研。

161. 教学反思“五记”

记成功之举，记“败笔”之处，记教学机智，记学生见解，记再教设计。

［诠释］

①记成功之举。课后要把课堂的成功之举详细如实地记录下来，供以后教学时参考使用。包括：教学过程中达到预先设计的目的、引起教学共振效应的做法；课堂教学中临时应变得当的措施；层次清楚、条理分明的板书；某些教学思想方法的渗透与应用的过程；教育学、心理学中一些基本原理使用的感触；教学方法上的改革与创新等。

②记“败笔”之处。即使是成功的课堂教学也难免有疏漏失误之处，对失误之处进行回顾、梳理，并对其作深刻的反思、探究和剖析，使之成为以后再教该内容时应吸取的教训。

③记教学机智。课堂教学中，随着教学内容的展开，师生的思维发展及情感交流的融洽，往往会因为一些偶发事件而产生瞬间灵感。这些“智慧的火花”常常是不由自主、突然而至，若不及时利用课后反思去捕捉，便会因时过境迁而烟消云散，令人遗憾不已。

④记学生见解。在课堂教学过程中，学生是学习的主体，他们总会有“创新的火花”在闪烁。教师应当充分肯定学生在课堂上提出的一些独到的见解，这样

不仅使学生的好方法、好思路得以推广，而且对他们也是一种赞赏和激励。同时，这些难能可贵的见解也是对课堂教学的补充与完善，可拓宽教师的教学思路，提高教学水平。

⑤记再教设计。包括：一节课下来，静心沉思，摸索出了哪些教学规律？教法上有哪些创新？知识点上有什么发现？组织教学方面有何新招？解题的诸多误区有无突破？启迪是否得当？训练是否到位？……及时记下这些得失，并进行必要的归类与取舍，考虑一下再教这部分内容时应该如何做，写出再教设计，这样可以做到扬长避短、精益求精，把自己的教学水平提高到一个新的高度和境界。

162. 教研“三度”

学理论，有深度；
做研究，有力度；
勤反思，有效度。

［诠释］

英国哲学家维特根斯坦说：“教师的尊严在于有思想，教师应该是一个有思想的人。”思想是人的灵魂所在，是生命的精髓。当教师就要当有思想的教师，就要对学校教育有深刻的认识和理解，有独创的见解并形成体系。唯有有思想的教师，才会体味到教育世界的丰富，才会不断超越自我，才会在教学改革中勇于探索，才会享受到教育的幸福。

要成为一个有思想的教师，要做到三点：第一，学理论。如果教师能对教育本身有更多理论层面的积累和思考，在日常点点滴滴的实践中，他们就不会只是简单地去模仿别人的经验，就不会简单地从自己的经验中寻找成功和不足，而会善于在一个更广阔的视野和理论的支撑下，进一步认识、思考、设计、创造自己的教学实践。第二，做研究。如果教师只读书，不能用所学的理论指导研究，理论就会束之高阁，失去了意义。一个有思想的教师，总是用智慧去发现问题、分析问题、解决问题。第三，勤反思。教师要经常反思自己的教学行为，否则其教学工作只会是机械地重复。一个好教师只有不断地学习、研究、实践、反思，并不断地进行改进、完善，才能真正达到教学的最高境界。

163. 教师写作“三要素”

> 与实践相随，实践积累教师的底气；
> 与阅读同行，阅读滋养教师的才气；
> 与思考为伴，思考造就教师的灵气。

［诠释］

教师写作既是一种行为，更是一种精神上的积极态势。许多大教育家之所以成就卓著，除了他们有丰富的实践、大量的阅读、深入的思考之外，更重要的是经年累月地笔耕不辍。可见，教师写作不是单纯的写作，它必然伴随着实践、阅读与思考。

①与实践相随。实践是写作的源泉和基础，同时教师通过写作又能指导教学实践。教师只有经常处于一种不间断的写作状态和写作行为之中，教育实践才能转化为教育思想，吸纳的教育智能才能转化为教育艺术，个人的教育特色才能转化为教育风格。

②与阅读同行。阅读是写作的必要条件，也是教师写作产生灵感的重要途径。如果教师不读更多的好文章，就不知道如何写出更好的文章。不少教师平时从来不读教育著作，也不看教学报刊，缺乏“输入”，自然就写不出有新意、有水准的好文章。

③与思考为伴。思考决定着文章的思想深度，真正的写作不是玩弄文字卖弄技巧，而是感情的表达。只有自己感动了才能让读者感动，只有自己思考了才能引发读者的思考。教师通过写作，可以进一步梳理自己的思路，更好地反思自己教育教学工作的得失，也可以在更大的范围内交流自己的思想和经验，加快自己成长的步伐。

164. 撰写高质量的教研论文

> 中小学教师要撰写质量效益俱佳的“给力”式论文，不要搞抄袭剽窃他人的“整容”式论文、东拼西凑硬编的“花瓶”式论文和论题简单重复的“克隆”式论文。

［诠释］

教师通过撰写教研论文，可以迅速提高自己的业务能力。实践证明，常把自己成功的教学经验形成文字，再上升到理论高度使其成为教研论文，是迅速提高自己教学水平的捷径。尤其是青年教师更要把教学与科研结合起来。只有做学者型教师才能适应当代教育的需要，只有教学和教研水平都高的教师才可能成为学科的尖子。写教研论文，既可以在教学空闲取得创作成功的乐趣，又可以在本专业奠定自己的学术地位而受到同行的尊敬。

近些年，我国中小学教师撰写教育教学论文的热情高涨，论文数量突飞猛进。但为数众多的教师由于追逐个人名利的缘故，有的将他人发表的论文改头换面，或原封不动地换上自己的名字；有的通过“剪刀＋糨糊”，东拼西凑，复制粘贴，将多人的观点拼凑成自己的“大杂烩”论文；有的论文则论题简单，观点陈旧，非常认真地重复他人已经论述的观点。而真正质量上乘、社会效益俱佳的“给力”式论文则是凤毛麟角。

165. 教师最大的差距就在于写作

教师与教师相比，教学能力的差距并不大，教学水平的差距并不高，教学管理的差距并不明显，其最大的差距就在于写作。

［诠释］

写作能力是一个人综合素质的重要标志之一。一般而言，能写好文章的教师也能够上好课。因此，我们一般将写作看成是提升教师职业能力、促进教师专业成长的一条有效途径。正如肖川教授所说：“造就教师书卷气的有效途径，除了读书，大概就是写作了。”传统的说法，做一个教师要有“两支笔”：一支红笔，一支蓝笔，批改和写作并行。现代有人用物质“三态”作喻，用以表明及时写作或即时写作的重要，也很令人憬悟：思想存贮在头脑中是“气态”，以口头方式表达出来是“液态”，写成文章才是“固态”。

教师写作的意义，除了应对岗位需求，更重要的在于能够提升生活品质，获得精神动力。教师写文章，就是教师在思考。写作就是条理化的思考过程，这个过程一开始可能是痛苦的，但坚持下去就成了一种生活方式，甚至成为一种快乐方式。

但在现实生活中，许多中小学教师对写作往往不能为之，不愿为之，不善为之。不少教师对写作存在畏难心理，认为写作是专家才能做好的事情，“写”是作家才能干好的事情。其实，写作是教师工作实践的总结和升华，是教师思想和情感的流露，也是教师反思与成长的心灵日记。教师写作可从以下六个方面入手：一从细节入手，以小见大；二要提出一种新的观点或设想；三要写大家忽视的普遍现象；四要视觉独特或具有争鸣性；五要充满着教育的智慧与思想；六要多写散文式的论文，既生动又感人。

166. 教师写作“六字”方针

时——时尚新颖；
序——结构有序；
物——言之有物；
理——富有哲理；
味——生动有趣；
美——文辞优美。

[诠释]

①“时”，即新颖时尚。教师写作要在“新”字上下功夫，“新”即选题要新颖，要言他人所未言，或者拓展他人所已言，或者推倒前人之定论，或者独树一帜，有所建树，创造性地说别人没有说过的话，解决别人所没有解决过的问题，填补学科领域中尚未被发现的空白。

②“序”，即结构有序。“有序”，就是要有条理，体现在教师写作中就是指能够有条理地表达，也就是指教师在进行写作活动时，能遵循逻辑规则，明确地提出问题，井井有条地思考问题、论说问题的一种写作逻辑和思维品质。

③“物”，即言之有物。“有物”，就是要写一些有价值的东西，在情感上引起读者的共鸣，并引发他们对文章的深度思考。这就要求教师写作时务必投入真实情感，对所写的人和事进行深入分析和总结。

④“理”，即富有哲理。一篇有哲理的文章，能让读者获得理智上的提升。哲理能提升文章的品位，是洞察教育教学引发的思想碰撞，是直面教师职业的智慧火花。因此，教师所写文章必须有思想、有哲理，要力求使自己的文章有新的思想，要挖出别人没有表达过的思想。

⑤“味”，即生动有趣。语言是思想的“外壳”，也是文章的“外衣”。文章新颖的素材、精巧的构想和精确的立意，无不以语言为载体。生动优美富有幽默感的语言，能让人视听为之愉悦，心弦被之拨动，情感与之共鸣。这就要求教师要写出情趣盎然之句、意境优美之句、幽默诙谐之句。

⑥“美”，即文辞优美。一篇好的文章不仅凭技巧，更要靠文采。教师所写文章要做到文辞优美，就要做到：词汇丰富，表现出灵动鲜活之美；句式灵活，表现出音韵和谐之美；描绘传神，表现出诗情画意之美；情感充沛，表现出抒情议论之美；语言幽默，表现出独特个性之美。

167. 投稿要善于“包装”

教师在报刊上发表文章，并不一定要求教师对教育的理解多么高深，并不一定要求教师的教学实践多么辉煌，但要善于用独特的眼光去发现独到的话题，善于用独特的形式去展示独家的思想。

［诠释］

很多教师在报刊发表了大量文章，其实他们对教育教学的理解并不一定有多高明，他们的教育实践也可能没那么成功。但是，他善于投稿，善于“包装”，善于用独特的眼光去发现独到的话题，善于用独特的形式去展现独家的思想。

教师所写文章，想达到“独到的话题”“独家的思想”，就要努力做到以下几点：第一，在整理文章准备投稿时，就要进入反思：内容足够新颖吗？表现形式足够吸引读者眼球吗？第二，不管写的文章能否被采用，一定要有自信，即我的文章在某些方面独具特色。第三，所写文章要有个性，从行文到内容，都是自己的，而不是别人的。第四，写作功利目的不能太强。教师在写作时要秉持这样的态度：我之所以喜欢写作，是因为对教育教学有话要说，是因为我在写作当中享受着智慧和乐趣，是因为写作本来就是我每天充实生活的一部分。

168. 教师带徒之道

师父先带“师之德”，再带“师之能”；
师父先教“徒做人”，再教“徒教书”；
师父先做“徒之友”，再做“徒之师”。

［诠释］

“师徒制”的教师培养方式由来已久，它曾为培养新教师发挥了积极的作用。通过有多年教学经验的老教师与刚走上教师岗位的新教师结为师徒对子，从而实现了以老带新，以新促老，教学相长，和谐共赢。但在教师带徒的过程中，也曾出现一些误区，主要有四点：一是只指导新教师技能，忽视了品德的修养；二是只指导新教师怎样教书，忽视了怎样做人；三是只按照自己的想象塑造徒弟，而忽视了和新教师互相学习；四是只知道师父的角色，忽视了彼此也是同事的身份。因此，老教师带徒弟时，要把握好以下几点：一是经常性地给徒弟做示范教学；二是提高徒弟课堂教学的“诊断”能力；三是变单向传递为双向的研讨交流；四是要有欣赏徒弟的心理，不要怕徒弟超过师父。

师父要做到“三带”：带师风——敬业爱岗，无私奉献；带师能——专业扎实，技能上乘；带师德——育德之道，为人师表。徒弟要做到“三学”：学本领——教育教学基本功；学思想——教书育人新理念；学做人——为人处世求真善。

师徒关系一旦确立也是相互为师的。新教师有他们的长处，作为师父，也可以从自己的徒弟那里学到不少东西，共同研究，共同进步。一旦师父能有这样的境界，就会赢得徒弟对师父的格外敬重，双方的情谊就会加深，双方的进步也会达到新的高度。

169. 教研组是学科教师之家

教研组是学科教师的学习之家、教学之家、教研之家、专业成长之家。

［诠释］

教研组是学校学科教育教学的一个专业性基层组织，是学科教师提高专业知识水平、分享教学经验和交流教学科研成果的基本单位。

①教研组是教师的“学习之家”。教研组应当成为教师的学习型组织，即能充分发挥每个组员的创造力，具有积极、合作、自由的学习气氛，能大幅度提高教研绩效的教研共同体。在学习型组织里，知识是个人和教研组的联结点，学习和工作融为一体。教研组成员无论地位高低、年龄大小，彼此尊重和信任，相互间可以自由地质疑，每个成员都有发展、成长和提升的空间。

②教研组是教师的“教学之家”。教研组通过制度规范教师的教学意识和行为，引导教师把精力主要集中到教育教学上来。教研组应重视三个方面的教学活动：一是以教材研读为核心的集体备课；二是以课堂教学为中心的集体说课；三是以课后辅导为补充的集体训练。

③教研组是教师的“教研之家”。一方面，教研组是本学科的教研组织，直接针对教师教学工作中遇到的重要问题，有计划、分阶段地安排专题教研内容，用科学研究的方法解决本学科教学和课改中面临的实际问题。另一方面，教研组要以课题研究的形式开展校本教研，在教学中研究，在研究中教学，形成教研相长的良性循环。

④教研组是教师的“专业成长之家”。教研组在教师专业成长与发展中起着不可替代的关键作用，通过集体备课制度、公开课制度、听评课制度等为教师的自我发展搭建平台，促进教师的专业成长。

素质提高篇

教师素质，是指教师能顺利从事教育活动的基本品质或基础条件，是教师在其职业生活中应遵守的基本行为准则以及所表现出来的观念意识和行为品质。本篇素质提高智慧主要有：

教师要多一些书香气，终生以书为伴。用心教书，专心读书。教师要有自己独到的教学主张，升华自己的学识魅力，打造自己的专业底气，做有学问的教师，做有思想的教师，做博学达理的教师，做有品位的教师，做高层次的教师，实现自我超越。

做最好的教师，要有正气、底气、大气、灵气、才气、骨气、锐气、朝气、名气。作为一名教师，口才要出色，文才要出彩，帅才要出众。勤读书以养才气，不媚俗以养骨气，近学生以养人气，善创新以养大气。

教师要用心教书，爱心育人，专心教研，潜心学习，热心管理，诚心合作。提高教师专业化水平，必须历经意愿、锤炼、学习、创新和收获“五项修炼”。

170. 升华教师的学识魅力

> 用“心”教书，升华教师的职业魅力；
> 用“爱”教书，升华教师的人格魅力；
> 用“研”教书，升华教师的学识魅力。

［诠释］

①用“心”教书。教师要一心一意备好每一节课，全心全意上好每一节课，实心实意辅导好每一节课。

②用“爱”教书。教师要爱自己，以身作则，为人师表；爱学生，教书育人，诲人不倦；爱事业，忠诚教育，乐于奉献。

③用“研”教书。教师要研究教法，寻求教学的最佳途径；研究学法，提高学生的学习效率；研究教材，升华教材的知识精髓。

171. 做有思想的教师

> 做一个有思想的教师，要有“人样”和“个性”，要有“信念”和“常识”，要有“主见”和“行动”。

［诠释］

思想是一个人的灵魂。教师有思想才有尊严，有思想才有魅力，有思想才有价值。

①做一个有思想的教师，要有“人样”和“个性”。说直白一些，就是教师要有人格尊严和独立思考的意识，要有人的教养并敬重自己的职业。有思想的教师应努力培养“用自己的眼睛看，用自己的耳朵听，用自己的嘴巴说话，用自己的文字书写”的能力，敢于冲破迷信权威的思想牢笼，敢于冲破盲从书本的思想牢笼，敢于冲破膜拜圣贤的思想牢笼，敢于冲破固执己见的思想牢笼。

②做一个有思想的教师，要有“信念”和“常识”。在信息泛滥的多元时代，教师不仅需要一种信念的坚守，还需要用常识、思考和记录对抗断裂、遮蔽与遗忘。只有内心澄明，才能感受到教育教学的真谛，才能聆听到花开的声音。

③做一个有思想的教师，要有“主见”和“行动”。教师如果不能成为思想者，只能靠别人的思想指导自己的行动，他的教育教学行为就不可能具有创造性，他的学生就不可能有思想。

172. 实现自我超越

让知识超越教材，用教材教而不是教教材；
让观念超越传统，继承传统而不照搬传统；
让教学超越课堂，立足课堂而又走出课堂。

［诠释］

①超越教材就是基于教材但不囿于教材。超越教材不能简单停留在量的积累上，就教材来说，引导学生学教材不是告诉、分析，而是批判、感悟；引导学生去真正领悟其精华，就教材的一些内容进行延伸、重组、再创造，让教材成为学生积极发展的广阔策源地。

②超越传统就是继承而不照抄照搬中国古代教育思想。中国古代教育思想丰富多彩，流派众多，几乎每个时代的教育思想都有自己的时代特色。但从总体上来说，其基本特征可概括为：重视教育的社会作用，强调教育的必要性，主张德育和智育相结合。中国古代教育的总体目标是格物、致知、诚意、正心、修身、齐家、治国、平天下。中国古代教育家的教学方法和原则有：因材施教、启发引导、学思结合、教学相长等。

③超越课堂，不仅是把课堂延伸到生活中去，而且是开辟课外更广阔的天地，把课堂延伸到学生的心灵中去。超越课堂会让教学更加充满活力，让课堂变得更加精彩。

173. 打造自己的专业底气

底气来自教师角色的再定位；
底气来自专业知识的再学习；
底气来自教学实践的再反思。

[诠释]

①课堂永远是教师的阵地，无论是过去的“主导者”还是现在的“促进者”，教师在课堂中的“主导”地位并没有变，也不应该变。“讲”永远都是教师的责任和义务，这无可争议。讲课是教师的第一要务，教师要“讲”，要带头“讲”，要理直气壮地“讲”。教师要当好引导者，要以自己的讲教会学生学，要以自己的讲促进学生学，要以自己的讲激励学生学。

②作为一名新时代教师，要想不断提高教书育人的能力，不断享受教书育人的乐趣，就要坚持专业知识的学习。热爱专业知识学习的教师，才能更好地教书；热爱专业知识学习的教师，才能更好地育人。

③教学反思一直以来是教师提高个人业务水平的一种有效手段，教育上有成就的“大家”均对此非常重视。现在很多教师会从自己的教育教学实践中来反观自己的得失，通过教学案例、教学故事和教学心得等来反思自己的教学质量。教学反思可分三个阶段：一是教学前的反思，是指凭借以往的教学经验，对新的教学活动进行批判性的分析，并进行调整性的预测，具有前瞻性。二是教学中的反思，是指对发生在教学过程中的问题及时发现，当即反思，迅速调控。这种反思表现为教学中的一种机智，具有敏感性。三是教学后的反思，是在某一教学活动告一段落后，在一定的教育理念指导下，去发现和研究过程中的问题，或者对有效的经验进行理性的总结和提升，具有批判性。

174. 教师要多一些书香气

教师只有多读书，才能拥有宽广敏锐的心灵，才能充满积极进取的激情，才能汲取精神食粮的营养，才能丰富绚丽多彩的人生。

[诠释]

作为教师，真的需要读书。只有读书，教师才能拥有源头活水，滋润学生求知若渴的心田；只有读书，教师才能生成新的信息，与学生进行心灵的沟通与传递；只有读书，教师才能引领学生读书；只有读书，教师才能促进学生发展。

教师都捧起书来，汲取越来越多的知识营养，获取越来越多的精神财富。阅读经典，丰富人生，让生命在阅读中更加精彩。热爱读书的人，知识不会老化；善于读书的人，才思不会枯竭。

留一点时间给阅读，陶冶教师因繁杂生活而麻木了的性情；找一点时间给阅读，矫正教师因忙忙碌碌而迷失了的方向；挤一点时间给阅读，开启教师因机械工作而遮掩了的心扉。

作为一名教师，就要多一些书生气，多一些书卷气，多一些书香气。

175. 终生以书为伴

教师的职业是终生以书为伴的。读书是教师的基本职责，教书是教师的神圣职责，写书是教师的崇高职责。

［诠释］

读书应该成为教师生活的重要状态，成为教师生活的一种习惯，成为教师的一种社会职责。因此，教师要爱读书，多读书，读好书。作为一名人民教师，教书是天职，“授业解惑”是教师的本分。离开了教书育人，教师就失去了其存在的价值。教师写书的过程就是经验总结的过程和知识创新的过程。通过写书能促使教师不断学习，不断拓展知识面，养成观察教育现象、思考教育问题的好习惯。

会读书的教师才能教好书，会教书的教师才能写出教书的书。不读书的人教不好书，不教书的人也写不好教书的书。读书是为了更好地教书，写书同样是为了更好地教书。教书、读书和写书是相互促进的。教书是读书的最直接源泉和动力，也为写书提供了最丰富的灵感和素材；同时，教师不断地读书和写书，又反过来极大地提升了其教书的能力。有事业心的教师一定要成为一名既会读书也会教书更会写书的教师，在不断地读书、教书、写书的教育生涯中实现自身的专业价值。

176. 用心教书，专心读书

一个教师不在于他教了多少年书，而在于他用心教了多少年书；
一个教师不在于他读了多少本书，而在于他专心读了多少本书。

［诠释］

①有的教师，年复一年重复教书几十年，默默无闻几十年；有的教师，认认真真用心教书三五年，轰轰烈烈三五年。一个轰轰烈烈教书三五年的教师，与一个默默无闻几十年的教师，他们的教学成就和教师名气肯定是不一样的。所以说，一个教师不在于他教了多少年书，而在于他用心教了多少年书。

②读书有三到：心到、眼到、口到，这三者缺一不可。三到之中，心到最为重要。心到，就是指读书要专心，注意力要集中。因为阅读是一种积极的思维活动，专心致志，意念高度集中，是保证阅读效果的首要因素。所谓“专心”，就是要诚心诚意地读，一门心思地学。读书要进入状态，要读进去，不能三心二意，不能似学非学，不能浅尝辄止。所以说，一个教师不在于他读了多少本书，而在于他专心读了多少本书。

177. 教师要有自己独到的教学主张

学术型教师的高人之处就在于他们有自己独特的教学风格，有自己独到的教学思想，有自己独家的教学主张。

［诠释］

①学术型教师的高人之处在于他们有自己独特的教学风格。教学风格，是指教师一贯的教学观点、教学技巧和教学作风的独特结合与表现，是教学工作个性化的稳定状态之标志。教学风格的本质特点在于它的独特性，即独特的教学语言、教学方法、教学风度和教学机智等。

②学术型教师的高人之处在于他们有自己独到的教学思想。教学思想，是指教师对教学活动的一种理解和认识，这种理解和认识常常以某种方式加以组织并表达出来。教学思想具有历史性、社会性、前瞻性、继承性等特征。教学风格不能没有教学思想，不能没有自己的教学主张。没有教学思想的教学风格，只能是一个空壳。教学主张根植于教学思想之中。

③学术型教师的高人之处在于他们有自己独家的教学主张。教学主张是教师对教育教学深刻思考后所形成的一种见解。教学主张是名师成长和成功的关键因

素，是名师成长的基本动力，是名师教学风格的内核，也是名师的一张名片。因此，作为一位名师必须有自己的教学主张。教学主张支撑和养育了优秀教师的教学风格。教学主张与教学风格的关系是教学主张偏于理性，教学风格则偏重感性，教学主张是教学风格的理论基石。

178. 做博学达理的教师

唯有博学多才的教师，才能教出乐学勤思的学生；
唯有学而不厌的教师，才能教出孜孜不倦的学生；
唯有知书达理的教师，才能教出知书达理的学生。

[诠释]

①新时代不仅要求教师有坚实系统的本学科知识，而且应该是上晓天文、下知地理，哲学、美学、心理学等都知晓一二的人。教师只有博学多才，才能准确无误地进行教学，将知识化难为易。教师教得得心应手，学生学得轻松自如。所以，教师必须博学，博学的教师才能教出博学的学生。

②人生有涯而知无涯，教师的知识是有限的，再博学的教师，也有不懂之外。作为一个教师应该活到老、教到老、学到老，边教边学，边学边教，教学相长，时刻保持一颗进取心，向书本学，向社会学，向同事学，向学生学，向一切可以学、值得学的人和事学。好学才能上进，爱学才能赢得学生的尊重与爱戴。

③“知书”就是要求掌握文化科学知识，“达理”就是要求讲礼仪。有高尚道德品质的人，两者不可偏废。一个人说话文明、举止规范、知书达理，就会为世人所称道，这也是中华民族的传统美德。作为一名教师，更应秉承这一道德理念，并发扬光大。学高为师，身正为范，身教重于言教，这一亘古未变的教学哲理应时时在教师耳畔响起。教师的职业注定从教者首先成为文明礼仪的践行者、示范者、传播者。所以教师应该树立一个良好形象，以自己的人格魅力率先垂范、潜移默化地去教化学生。

179. 做有学问的教师

做一名有学问的教师，就要在学中问，在问中学；敏而好学，不耻下问；学必问之，问能辩之；学起于思，思起于问。

［诠释］

所谓学问，顾名思义，就是既学又问。学与问相结合，既是一个理论问题，又是一个实践问题。我国历代文人学者都十分重视这个问题，从孔子提出“敏而好学，不耻下问”，到刘开的“好学而不勤问，非真能好学者也”，再到陶行知的“智者问得巧，愚者问得笨”等高深见解，从中至少可以得到三点启示：一是学必问之，二是问能辩之，三是辩则聪之。

问有三大好处：一是虚心向比自己知识广、水平高、能力强的人请教，能够吸收别人的经验，破解自己遇到的疑难问题；二是善于向和自己知识水平相当的人请教，能够通过相互切磋共同探明需要探讨的问题；三是敢于向各方面不如自己的人请教，善于用别人的长处弥补自己的不足。

180. 教师的目光

教师炽热的目光似一轮红日，融化学生心头的冰霜；
教师慈祥的目光似一盘明月，照亮学生纯洁的心灵；
教师柔和的目光似一泓清泉，滋润学生幼小的心田；
教师敏锐的目光似一面镜子，启迪学生美好的人生。

［诠释］

教师的眼睛平凡而神奇，它或许不是明眸善睐，不能顾盼生辉，却能折射出一颗慈母严父的心，透露出一份智者的伟大，展示出一缕希望的曙光。教师那闪烁着智慧、洋溢着热情、充满着爱意的目光，总会给学生带来无穷的力量。教师炽热的目光似一轮红日，融化学生心头的冰霜；教师慈祥的目光似一盘明月，照亮学生纯洁的心灵；教师柔和的目光似一泓清泉，滋润学生幼小的心田；教师敏锐的目光似一面镜子，启迪学生美好的人生。

在课堂上，教师的目光不能只盯在教案上，也不要只盯着黑板，而要更多地投在学生的身上，更多用来和学生进行情感交流。眼神是一种无声的语言，教师有时一个眼神可胜过苦口婆心的长谈，收到“无声胜有声”的效果。

181. 学会幽默

教师幽默的语言，能提高学生的学习兴趣，唤醒学生的爱好雅趣，激发学生的活动情趣，增添学生的生活乐趣。

［诠释］

幽默是一种修养，是一种文化，也是一种艺术。幽默是教师人格魅力的展示，是教师心灵的花朵，是师生关系融洽的润滑剂。教师要学会幽默，善于运用幽默语言，让学生“读书乐”而“乐于学”。

教师的幽默，不同于幽默大师的幽默。教师不是戏台上的滑稽演员，所以教师的幽默不是一般的插科打诨，也不是单纯为了逗乐而逗乐，而是“清水出芙蓉”，出自天然。因此，教师的幽默与“滥”无缘，如果让笑声冲淡或淹没了真意，结果只能是喧宾夺主，这样的幽默，宁缺毋滥。

教师幽默的语言，能提高学生的学习兴趣，唤醒学生的爱好雅趣，激发学生的活动情趣，增添学生的生活乐趣。要使教师的语言幽默起来，第一，要培养自己开朗的性格和自身的幽默感，保持一个良好的心态；第二，要注意平时的积累，多收集幽默素材和作品，不断充实教师自己的幽默细胞；第三，要提升自己的幽默技巧，善于把握幽默的时机，制造幽默的过程。

182. 做有品位的教师

一个有品位的教师，人格修养儒雅，专业素养高雅，内在气质优雅，外在形象典雅，生活情趣文雅。

［诠释］

品位，是生活的本质和内涵。没有品位的教师，不能成为“教育家”，只能成为“教书匠”。教师是一个特殊的职业，是用人格培养人格、用灵魂铸造灵魂、用智慧引领智慧、用品位陶冶品位的职业。一个教师有了高雅的品位，就会使其教育教学洋溢着风采，充满着生机。

品位体现在人格修养、专业素养、内在气质、外在形象、生活情趣等方面。一个有品位的教师，往往具有较高的文化素养、高尚的道德情操、良好的生活习惯、高雅的生活情趣和积极的工作态度。一个有品位的教师，举止文雅，学识深厚，情感丰富；一个有品位的教师，博学睿智，善解人意，心胸豁达；一个有品位的教师，气质优雅，兴趣高雅，幽默风趣。教师要学会品位，懂得品位，提升品位，努力使自己变得更有品位。

183. 做高层次的教师

懂得教学基本功的教师，是基础层次的专业素养；熟悉教育教学规律的教师，是中等层次的专业素养；生成教育智慧的教师，是最高层次的专业素养。

［诠释］

教师的专业素养可分为三个层次：具备一定的教育理论、综合文化及某学科专业素质和教学技能的教师，属于基础层次的专业素养；具有较新的教育理念、广博的专业知识和现代教育理论知识的教师，属于中等层次的专业素养；具有丰富的教育智慧，使思想者与实践者的完美统一、专业素养与艺术精神有机结合的教师，属于最高层次的专业素养。

教师自身的素养其实也是一种资源，是一种可以引起学生共鸣甚至震撼的资源，是可以激发出学生潜在能量的再造资源。因而作为一名教师，我们也要好好看看自身，利用自身的现有长处为教学所用，或围绕某些课程的内容，着意去提高自己某些方面的素质，充分挖掘出自己的潜能，使自己具有一些令学生敬佩的“绝活”。这样，我们的教师就能成为新时代鲜活的、可升值的真正资源。

184. 教师的最高追求

教师的最高追求是做敬业型教师，做示范型教师，做进取型教师，做学习型教师，做智慧型教师，做阳光型教师，做专家型教师。

[诠释]

①做敬业型教师。教师要把敬业作为一种品质。古今中外，大凡有作为的教育家和教师，无一不具有强烈的责任心和敬业精神。教师把敬业内化为一种品质，实践于行动中，不仅是学生的幸事，而且也将会使自己终身受益。敬业与幸福感往往相辅相成，缺乏敬业精神的教师，是很难有快乐和幸福感的。

②做示范型教师。第一，教师要"行为世范"。学生的眼睛是"录像机"，脑子是"电子计算机"，录下来的信号储存下来会指导他的行动。第二，教师要"自我约束"。纪律像石头，如果你把它背在身上，会痛苦无比；如果你把它垫在脚下，它会帮助你站得更高，望得更远。第三，教师要"燃烧情感"。我们的课堂可能不缺少方法和技巧，不缺少现代化的设备，而缺少"情感"，唯有用情感的"手"，才可能拨动学生心中的"弦"。

③做进取型教师。第一，教师要打造自我核心竞争力。教师的核心竞争力是指在一定范围的教师群体中自己脱颖而出的、不易被别人效仿的、具有竞争优势的、独特的知识和能力。第二，教师要在创新中实现发展。教师只有自身富有创新精神，才能培养出具有创新素质的学生。第三，教师要在自我改变中发展。教师要强化自我责任意识。随着商品意识对教育不断的影响和渗透，教师固有的道德价值观开始动摇。作为一个有志于教育事业的教师，要时常叩问自己的内心，是否能做到"静下心来教书，潜下心来育人"？教师要用现代教育理念充实头脑。"一支粉笔一本书，站在讲台不挪步"的教学时代已经过去，教师要开展教育科研，促进专业发展。

④做学习型教师。做一名学习型的教师，既是学习型社会对教师提出的要求，也是教师完善自我的内在动力。教师应多读有关新教育理念的著作，多读走在时代前沿的优秀期刊，充实并更新教育理念；要丰富自己的知识储备，多领域涉猎知识；要善于琢磨研究，虚心向同行学习，勇于以学生为师，每一堂课都要上得有新意，都要上得有思想。

⑤做智慧型教师。学生的智慧是靠教师去开启的，这就要求教师首先要成为一名智者。只有教师具有较高的教育智慧，才能让学生充满智慧。教育智慧在教育教学实践中，主要表现为教师对于教育教学工作的规律性把握、创造性驾驭和深刻洞悉、敏锐反应以及灵活机智应对的综合能力。博学是摄取教育智慧之道，教育智慧源于平常点滴的学习和深厚的积淀。

⑥做阳光型教师。“要播撒阳光到别人心里，先得自己心里有阳光。”教师要塑造阳光心态，做阳光型教师。面对教育，要有阳光般炙热的激情；面对教研，要有阳光般积极的热情；面对发展，要有阳光般不息的能量；面对学生，要有阳光般灿烂的笑脸；面对同事，要有阳光般温暖的态度；面对家长，要能阳光般真诚的交流。给自己阳光，就会给学生播撒阳光，给教育带来阳光。做阳光型教师，一要热爱教师职业，乐于教书育人；二要心态良好；三要能自我调控情绪；四要在人际交往中能与他人和谐相处；五要能自我排解压力，敢于挑战自我。

⑦做专家型教师。教师要力争成为专家型教师。专家型教师要具有五大支柱：第一，志远——志存高远，远离浮躁，树立矢志不渝、终身从教的理想，牵引自己不断攀登个人潜能的高峰。第二，认真——学会认真，严谨务实，养成恪尽职守、精益求精的习惯，做教人求真的真人。第三，合作——学会合作，双赢共进，形成取长补短、相携互助的协作氛围，共创美好前景。第四，学习——学会学习，与时俱进，养成笔耕不辍、终身学习的习惯，积极打造学习型人才。第五，研究——学会研究，探索反思，养成勤于思考、勇于创新的习惯。教师成长所需构筑的五大支柱之间也是相互关联的。志存高远是成长过程的动力系统，它牵引着行动使之持之以恒；而合作、学习、研究是当代教师的工作状态，属于行动层面；推崇、认真是一种工作态度，属于意识层面，它决定行动达到的高度。

185. 教师的品格

教师的一生也许成就不了惊天动地的伟业，但他却像沙漠中的骆驼，以淡定的情怀一步一个脚印，向前跋涉；像山涧的小溪，以乐观的心态一路欢歌，奔向海洋；像池塘里的荷花，以纯洁的品格一尘不染，质朴无华。

［诠释］

有人把教师称为“太阳底下最光辉的职业”，教师既要有“燃烧自我，奉献光明”的无私，还要有“捧着一颗心来，不带半根草去”的淡定。面对物质的诱惑，面对世俗的刺激，教师能像沙漠中的骆驼那样守住寂寞，守住教师职业的清高。拥有这样的淡定情怀，才能心地坦然，才能淡泊以明志，宁静而致远，在平凡的教学中，矢志不渝，从容积极，追求卓越。

教师的乐观心态指标主要有四条：一是宽容。有宽容之心的教师不会对学生有太多的挑剔，也不会因他人不关注自己而喋喋不休地抱怨。二是赏识。赏识是心灵的阳光，渴望赏识是人性中最可爱的弱点，教师也需要赏识。三是宁静。教师内心的宁静是与爱心起舞，与真诚同行，与温暖相伴，与宽容同在。四是快乐。人总是喜欢和那些能够给人带来快乐的人在一起，教师的快乐从来都不是一个人的快乐，而是几十个甚至上百个人的快乐。播种快乐，就能收获快乐；播种幸福，就能收获幸福。快乐是一种能力，快乐是一种态度，快乐是一种智慧，快乐是一种主观设定的生活方式。

人们说，好教师是一首诗，含蓄但不晦涩；好教师是一幅画，清淡却很高雅；好教师是一棵松，正直而不媚俗；好教师是一座无字碑，不留文字却功业长存。

186. 教师的气质

要有正气——高尚的师德；
要有底气——丰富的知识；
要有大气——宽广的心胸；
要有灵气——灵活的方法；
要有才气——内在的才华；
要有骨气——做人的准则；
要有锐气——非凡的魄力；
要有朝气——良好的风貌；
要有名气——突出的贡献。

[诠释]

①“正气”，即正义与良知，正气乃光明正大之气。正气充盈、律己泽人是教师高尚的精神境界；讲正气、为人正直、扶持正义是教师必备的品格。正气是教师的立身之基、行为之本，教师的“为人师表，率先垂范”，很大程度上是指教师做人的气节和准则。

②“底气”，是指教师要有广博的知识。有底气的教师上课，声音洪亮，充满自信，精神抖擞，斗志昂扬，激情四射，才华横溢。教师的底气来自平时的多读书，来自充分的课前准备，来自教学实践的自觉反思。作为教师，只有拥有了足够的底气，才能在教育教学工作中游刃有余。

③“大气”，是指教师拥有高水平的才识和品德，拥有能容纳不同意见的度量，即宽广的胸襟和气度。“大气者”，心胸豁达，视野开阔，面对挫折不气馁、不退缩；面对压力，坦然接受，破釜沉舟，勇于超越；面对荣誉和赞美，不骄不躁，谦虚谨慎，泰然处之。教师要心存大气之心，要宽容大度，要心地光明。

④“灵气”，是指灵敏、机灵、聪慧、有悟性。教书育人需要灵气，一个教师不能没有灵气和智慧，不能没有随机应变的能力和机智。人人都应做教书的智多星，个个都应当育人的诸葛亮。因此，教师要拥有聪慧的头脑、灵活的方法、敏捷的灵气。教师的灵气，是在读书中启迪，在修道中蕴蓄，在历练中感悟，在反思中升华，要求教学设计要灵巧，教学方法要灵活，学生群体要灵动。

⑤“才气”，是指教师的专业才能、文化修养与悟性灵慧。教师的专业才能包括学科专业知识、教育专门理论和教学专业技能，这是构成教师职业能力的“三要素”。但要成为一个优秀教师，还应具有相当深厚的文化修养和悟性灵慧。教师要多读书，多学习，涉猎自己学科之外的众多领域文化知识，并且善于将学到的知识与文化进行内化、迁移、升华、建构，才能厚积薄发，激发敏捷的思维，产生“悟性与灵慧”。

⑥“骨气”，其内涵是教师的价值判断和价值取向，直接决定教师的行为准则和行为方式。中国的知识分子自古至今非常讲究做人的骨气。有骨气才能超凡脱俗、一尘不染，展示师表风范；有骨气才能不畏权贵，创立自己的学术思想和治学风格；有骨气才能结交挚友，为同事所欣赏，树立自己的形象；有骨气才能高风亮节，为学生所敬重，体现高品位的人格。在当今社会中，教师的骨气显得

尤其可贵。

⑦“锐气”，是一种胆量、一种魄力、一种攻坚克难的精神境界。学校创名校，需要锐气；教学创佳绩，也需要锐气。作为一名教师，必须有一股敢于争先、锐意进取的“锐气”，锐气昂扬，永不言败，教出个性。

⑧“朝气”，是指情绪高昂、不知疲倦的精神，是指精神振作、努力进取的气概。充满活力、积极进取、扎实苦干的朝气，是教师良好的风貌。朝气在，希望在；朝气在，智慧在；朝气在，成功在。教师充满朝气，春风满面，阳光灿烂，能给人以鼓舞。教师要想取得事业的成功，就要始终保持蓬勃朝气。

⑨教师的“名气”，不仅指知名度，更要看有无好名声。名师不是打造出来的，也不是宣传出来的，而是在学习和实践中积淀出来的。一个教师要成为名师，需要在实践中历练，在历练中学习，在学习中反思，在反思中提升。只要教师用踏踏实实的行动，用过人的教育教学智慧，用一流的教学质量赢得家长、学生、社会的认可，就能树立起属于自己的名气。

187. 做最好的教师

“最好”的教师，是追求无止境的教师，是不断超越自我的教师，是把工作做得“更好”的教师。

[诠释]

“最好”是相对的，因为这是永远没有止境的追求。从这个意义上说，“最好”其实就是“更好”。虽然这个“最好”永远达不到，但一个比一个的“更好”便汇成了一个人一生的“最好”。

做最好的教师，强调的是教师自己和自己比，昨天的自己和今天的自己比，不断地超越自己。如今天备课是不是比昨天更认真？今天上课是不是比昨天更精彩？今天找学生谈心是不是比昨天更耐心？今天处理突发事件是不是比昨天更机智？今天组织班集体活动是不是比昨天更有趣？今天帮助学困生是不是比昨天更诚恳？今天所积累的教学智慧是不是比昨天更丰富？今天所进行的教育反思是不是比昨天更深刻？今天面对学生的建议或意见是不是比昨天更虚心？等等。因此，“做最好的自己”便意味着要尽可能在自己的职业中，达到自己能力所能达到的最好程度。

教师每天的工作做的不一定是最好，甚至每天也许有遗憾，但每天都能这样自己和自己比，坚持不懈，便能不断地向“最好教师”的境界靠近。

188. 教师的最高境界：授人以渔

教师让学生来适应自己，是授人以鱼——带着学生走向知识；而教师让自己去适应学生，是授人以渔——带着知识走向学生。教师的最高境界是：既要授人以鱼，更要授人以渔。

[诠释]

古语云，授人以鱼，只供一饭。授人以渔，则终身受用无穷。陶行知先生曾说：“教师的责任不在教，而在教学生学。”达尔文认为：“最有价值的知识是关于方法的知识。”方法，在学习中起着至关重要的作用。叶圣陶说：“教是为了达到不教。”施教之功在于授法。各国的教育家也普遍认为：学会学习将成为21世纪新人的生命活水。因此，教师授人以鱼，不如授人以渔。

教师的天职是教学，既要教知识，又要教方法。教学中要渗透学法，教会学生学习，是教育工作者义不容辞的责任。教师应该成为学生学习的激发者、促进者。因此，教师既要授人以鱼，更要授人以渔。

189. 教师追求的目标

制订目标要切合实际，不好高骛远；
认准目标要迅速实施，不优柔寡断；
追求目标要坚持到底，不半途而废；
瞄准目标要奋力登攀，不停滞不前。

[诠释]

梦想让人心怀希望，奋斗让人幸福充实。一个人有了明确高远的奋斗目标，就会产生前进的动力。因为目标不仅是奋斗的方向，更是对自己的一种鞭策。有了目标，就有了热情，就有了积极性，就有了使命感和责任感。

教师在制订和完成目标时，要注意四点：第一，要切合自己的工作实际，不要好高骛远；第二，目标一旦确定后就要迅速实施，不要优柔寡断；第三，在追求自己的奋斗目标时，可能会遇到挫折或困难，要坚持到底，绝不能放弃目标，半途而废；第四，在实现自己的奋斗目标途中，要瞄准目标，埋头苦干，努力登攀，千万不要停滞不前。

每个教师都要不断地给自己确立新的追求目标。只有不断地树立一个个新的目标，才能更好地借力扬帆，在不断地追求中实现自身的成长。青年教师应将追求的目标定位于做一个合格的教师，为此要努力训练教学基本功，钻研教材，精心备课，熟练地驾驭教材。成长期教师应将追求的目标定位于做一名学生喜爱的优秀教师，为此就要在“怎样教得更好”上下功夫，在备课、上课、教研等教学行为的精细化上做文章。成熟期教师应将追求的目标定位于做一名研究型的教师，为此就要在“如何使学生学得更好”“如何用科研的眼光看待和解决课堂教学中的共性和个性问题”上进行不断探索。

190. 教师心中的旗帜

起程时，理想便是一面旗；
迷惘时，信念便是一面旗；
爬坡时，毅力便是一面旗；
跌倒时，勇气便是一面旗；
成功时，冷静便是一面旗。

［诠释］

一个成功的教师，并不是他们在人生道路上有多么一帆风顺，也不是他们的能力有多么超群，而根本原因是他们心中永远飘扬着一面旗帜。

①起程时，理想便是一面旗。对于刚参加工作的青年教师，只有把职业上升为事业，树立高尚的职业理想，才会在平凡而崇高的教书育人工作中取得非凡的成就。

②迷惘时，信念便是一面旗。教育是一件繁、难、杂的工作，在日复一日、

年复一年的工作中，如果教师心中没有信念这面旗，就很容易产生迷惘，就很难逃脱职业倦怠。如果教师坚定教育信念，就会不断修炼自己健全的人格，让自己变得更加富有智慧。

③爬坡时，毅力便是一面旗。坚韧毅力是成大事者之品质。教师的成长过程也是人生道路上的爬坡之旅，遇到挫折并不可怕，可怕的是心中缺少一面抵抗挫折的毅力之旗。

④跌倒时，勇气便是一面旗。作为一名教师，只有勇立潮头、探索教育新路，才能够真正做到与时俱进，勇攀高峰。而在探索课改、改进教法的过程中，难免会遭遇失败，这就要求教师跌倒了再爬起来，重拾勇气，勇往直前。

⑤成功时，冷静便是一面旗。当由于工作努力，在教育教学方面取得优异成绩而得到上级主管部门或学校领导的表彰时，教师千万不要骄傲自满而飘飘然。此时正确的做法是，要冷静地看待自己的成功之处，冷静地处理与同事之间的关系，冷静地把自己的本职工作干得更好。

191. 教师的思想境界

教师的职业是清贫寂寞的，教师之所以能守得住清贫、耐得住寂寞，是由于其清静高远的思想境界；教师的职业是清廉崇高的，教师之所以守得住清廉、立得住崇高，是由于其廉洁高贵的道德情操。

［诠释］

清廉是一种境界。面对现代社会的多姿多态，教师的经济地位尽管不算高，却淡定自若，耐得住寂寞，守得住清贫，显示了一种清静高远的思想境界。

清廉是一种品质。在当今社会中，经济的浪潮裹挟着人们为追求经济利益的最大化而不懈奋斗。身在浪潮中的绝大多数教师，没有因此而动摇从教的信念，显示了一种廉洁高贵的道德情操。

古人云：“不受曰廉，不污曰洁。”廉洁是为人的根本，是中华传统道德的基本规范。教师作为人类文明的传播者，更应当以廉洁立世，铸就高尚师魂。孟子认为：“为师不廉，师道必坏，师道坏则必误学子。”因此，为人师必须要加强自身修养，自尊自爱，从我做起，率先垂范，为人师表，时时处处注意自己的一言一行，自觉抵制社会上存在的一些不良风气，做一个廉洁奉公的教育工作者。

192. 教师成功的原因

成功的教师之所以成功，不在于天生的聪慧，而在持之以恒；不在于知识的渊博，而在意志坚定；不在于高端的学历，而在不断攀登；不在于幸运的机遇，而在善始善终。

[诠释]

①我们有许多教师离优秀教师的距离并不是很远，缺少的则是一种持之以恒的信心。只有持之以恒，锲而不舍，才会最终取得成功。做一个持之以恒的教师，需要有梦想，需要有毅力，需要有动力，需要有方法，需要有责任。成功是努力的结晶，努力是成功的捷径，而教师只有持之以恒的努力才能取得事业的成功。

②教师要加强意志坚定性的培养，不屈不挠地为实现目标而奋斗，做到在困难面前不退缩，在压力面前不屈服，在引诱面前不动摇。只要自己的意志坚定，不轻易放弃，我们就会实现柳暗花明的前程。

③教师的人生如一座高山，巍峨耸立。摆在我们面前的只有一条路——攀登。教师唯有不断攀登，不断进取，才有可能达到顶峰，实现教师的理想和价值。在取得成功的道路上，路边旖旎的风光吸引着我们，芳香的果实诱惑着我们，教师唯有坚定自己的信念，始终朝着最高峰脚踏实地地向上攀登，才能超越自己，达到比想象更高的顶峰。

④做好一件事情并不难，难的是长时间坚持做好同一件事。作为一名教师，无论我们备课、上课、辅导，还是管理、育人、教研，都应该以一种善始善终的专注心态去做好我们应该做的事情。这不仅是教师的职业道德所要求的，也是教师人格魅力的体现。

193. 做一名全才教师

作为一名教师，口才要出色，文才要出彩，帅才要出众。教师还要多才多艺、德才兼备，做一名全才型的教师。

[诠释]

作为一名教师，首先要有口才。知识的海洋浩瀚无边，点点滴滴都要通过教师之口缓缓渗透学生的心田。其次要有文才。说和写是教师的绝活、硬功，每一个教师都要力争做到出口成章，下笔成文。最后要有帅才。教师还要学会组织管理学生，要让几十名甚至上百名学生在教师的引领下井然有序、有条不紊。口才、文才、帅才三者相辅相成、相得益彰。

教师还要多才多艺，不但要掌握球类、田径、体操等体育运动的技能，而且要具有唱歌、跳舞、朗诵等一定的表演能力，还要具备书法、绘画等基本的美术功底。

德，主要指教师应具有的良好的道德品质、优良的思想作风。德和才是一个统一而不可分割的整体。既不能重德轻才，也不能重才轻德。“无德无才是庸人，有德无才是好人，有才无德是小人，有德有才是贤人。”但是德与才相比，德是前提，是第一位的。因此，全才型教师首先要注重品德的修养。

194. 做五官端正的教师

嘴不狂——说话有根据；
眼不斜——观察要全面；
耳不偏——善于听真言；
心不窄——心胸要宽广；
身不歪——身正做表率。

[诠释]

古人曰：“欲影正者端其表。”作为人类灵魂的工程师，教师必须做到口正、眼正、耳正、心正、身正。“五官端正”方为人师。

①嘴不狂，即说话要有根据。教师讲话要做到语言美，讲究分寸，不要信口雌黄、胡言乱语，更不要污言秽语，用恶语伤学生。此外，对学生不说“过头话”，不开“空头支票”，说到就要做到，真正做到“言而有信，言而有度”。

②眼不斜，即观察要全面。对人，要平等看待；对事，要客观公正。教师要

平等对待学生，切勿目光斜视。有的教师不能客观公正地看待学生，对尖子生，只看到优点和长处，并将其不断放大表扬，而对他们的缺点则极易忽略或采取宽容袒护的态度；而对学困生，教师的眼睛老盯在他们的缺点上，看不到他们的进步和优点，特别是当学困生的某一缺点暴露明显时，便认为他各方面都差，或随意贬损。

③耳不偏，即善于听真言。教师要乐听真言，善听逆言，多听谏言，少听甚至不听谗言。在班级，教师既要听取尖子生的正确意见，也要接受学困生的合理建议；在学校，教师既要恭听领导的意见和要求，也要善听普通教师的劝告和忠言；在社会，教师既要注意听“有背景家长”的要求和评价，更要多听听一般家长的意见和呼声。

④心不窄，即心胸要宽广。谚语说：“宰相肚里能撑船。”教师要有坦荡的襟怀和博大的度量，该容忍的要容忍，该谦让的要谦让，否则，缺少气量，心胸狭窄，很难做到为人师表。如遇到家长对自己有误解，要体谅容忍，这是厚道；若遭到学生的顶撞，要体贴宽容，这是善良；即使自己有缺点错误，也要勇于接受学生的批评，当面承认过错，这是高明。

⑤身不歪，即身正做表率。“身正不怕影子斜”，作为一名教师，其一言一行、一举一动都在影响学生，感化学生。我们必须身体力行，以身作则，要时时、处处、事事做学生的表率。

195. 教师的心

以朋友之心对待学生，以伙伴之心理解学生；
以伯乐之心发现学生，以圣者之心教育学生；
以仁者之心宽容学生，以智者之心引导学生；
以慈母之心善待学生，以严父之心期待学生。

［诠释］

①在教学过程中，教师要时时想学生之所想，帮学生之所难，解学生之所惑。以伙伴之心经常和他们在一起，谈社会，谈生活，谈情趣，全面了解学生的思想状况，做他们的贴心朋友。

②作为一名教师，应该发掘学生的闪光点，充分肯定他们的闪光点，当一个善于发现学生闪光点的伯乐，并利用其闪光点，帮助他们建立自信，扬起风帆，去战胜一切困难。教师要以圣者之心教育学生宽以待人、和气待人、理解他人，让学生说真话、做真事、学真人，真诚对待他人。

③俗话说："仁者无敌。"作为一名教师，如果能以宽容之心善待学生，不仅可以维护学生的自尊心，而且能表现出教师的宽大胸怀，也会赢得学生的信任和拥戴。教师还要以智者之心培养学生善于学习、善于思考、善于感悟的习惯。

④学生在家庭中需要父母之爱，在学校里同样也需要教师之爱。无论是对表现好的学生还是对表现差的学生，教师都应以慈母般的爱心去关心他们的生活、身体和学习，以严父之心促使他们健康成长。

196. 做"四气"教师

勤读书以养才气；
不媚俗以养骨气；
近学生以养人气；
善创新以养大气。

［诠释］

①英国哲学家培根说过："读史使人明智，读诗使人聪慧，演算使人精密，哲理使人深刻，伦理学使人有修养，逻辑修辞使人善辩。"他还说："读书足以怡情，足以博彩，足以长才。"可见，勤奋读书，广泛涉猎各科知识，能够使人博古通今、学养深厚。

②骨者，硬也。气者，操守也。教师的骨气，首先表现在要敢于有怀疑的精神，敢于说"不"。敢于对教育本身说"不"，敢于对教材说"不"，敢于对领导说"不"，敢于对家长说"不"。其次，要敢于坚持自己的操守、人格和个性，敢于坚持一个从教者的知识良知、社会良知和教育良知。有骨气的教师拥有的爱心是真正的爱心，没有骨气的教师的爱心是偏心。有骨气的教师还应该是个谦和的人，谦虚与和气是支撑骨气的支点，唯有谦虚才能虚怀若谷、海纳百川。唯有和气才能保持自己良好的心态，正确处理人际关系，学会正确看待自己的职业，学

会看待社会的不公，学会看待生活中的不如意。

③“人气教师”这个称谓，不仅表达了学生对教师教学的肯定，更饱含着每个学生对教师的爱戴。要成为人气最旺的新型教师，就要做到：一要有饱满的教学热情；二要有娴熟的专业知识；三要能有效地组织教学；四要对学生有良好的态度；五能成功地管理课堂；六要拥有成功的人际交往技巧；七能因材施教；八能带给班级成功感；九要对学生充满高期望值；十能创造愉悦的学习氛围。

④“大气”有两层意思：一是指拥有高水平的才识和品德，二是指拥有能容纳不同意见的度量，也即平常所说的宽广的胸襟、气度。教师豁达的胸怀，就是品德高尚的体现，就是教师的大气。大气的教师还拥有一种过人的胆量和魄力，能不为传统的教学习惯所束缚，锐意创新，勇于探索，敢为人先。

197. 教师“四要”

教师也许不是最美丽的，但要最可爱；
教师也许不是最聪明的，但要最勤奋；
教师也许不是最富有的，但要最幸福；
教师也许不是最顺利的，但要最乐观。

[诠释]

①有人说，人不是因为美丽而可爱，而是因为可爱而美丽。一个可爱的教师，必须具有远大的志向，不断给自己提出追求目标同时又富有激情；一个可爱的教师，应该充满爱心，对自己的职业充满无限热爱；一个可爱的教师，要善于发现教育的乐趣，不断追求卓越，富有创新精神；一个可爱的教师，还应该走进学生的世界，走进他们的心灵。

②任何成功都离不开勤奋，对于教师来说，勤奋更为重要。因为教师是培养人的职业，教师的职业特点决定了教师只有付出更多的劳动，才能有理想的结果。勤奋是任何一个优秀教师都拥有的品质。勤奋意味着既要勤劳，还要发奋图强。勤奋是一种工作态度，它意味着教师要有持之以恒的精神，面对困难要有百折不挠的斗志。

③幸福是指人的心理欲望得到满足时的一种状态。教师幸福的源泉是快乐，

教师幸福的基石是健康，教师幸福的支柱是专业，教师幸福的载体是学生，教师幸福的舞台是课堂，教师幸福的核心是心态。如果教师拥有了健康的身心，能以阳光般的心态拥抱智慧，创造出辉煌的教育生涯，那他就是最幸福的人。

④教师在教育教学工作中不可避免地会遇到这样或那样的烦恼。但据心理学家研究分析得出的结论是，在这些烦恼中，有40%是杞人忧天，这些烦心事根本就不会发生；有30%是既成事实，即使再烦恼也无济于事；有20%是人们担心事实上并不存在的病状；有10%是一些鸡毛蒜皮的日常小事，就是在这些小事中，只有8%才是值得关注的。也就是说，有92%的烦恼都是我们自找的，是自寻烦恼。因此，教师要调整好自己的心态，始终保持积极乐观的态度和愉快向上的心情。

198. 教师的“五种镜子”

用“放大镜”挖掘学生的亮点；
用“反光镜”矫正学生的缺点；
用“显微镜”透析学生的特点；
用“哈哈镜”激活学生的乐点；
用“望远镜”观测学生的终点。

[诠释]

①无论什么样的学生都有其闪光点。学生中不存在绝对的“差生”，只是他们之间存在有差异而已。作为一名教师，应该用“放大镜”挖掘学生的优点和亮点，激励学生不断发展。

②学生在成长的过程中难免会出现这样或那样的缺点和不足，作为教师，我们不要将学生的缺点扩大，而应利用“反光镜”这一功能，以积极乐观的态度矫正学生的缺点，引导学生不断发展。

③每个学生都有属于他们自己的个性和特点，每个学生都是一把锁，教师要想打开这把锁，就必须深入到学生的内心，用“显微镜”洞察学生的心灵秘密，促进学生的个性发展。

④教师要像“哈哈镜”一样，让学生快乐地学习。这是教师的责任，也是教

师追求的目标。教师一要激发学生的学习兴趣和欲望，为学生快乐地学习打好基础；二要拓展授课内容，力求新颖、丰富、生动；三要营造轻松愉悦的学习氛围，让课堂气氛活跃起来。

⑤教师要用“望远镜”去发现人才，培养人才。用“望远镜”去观测学生的未来，鼓励他们走自己的路，指引学生不断前进。

199. 教师成长的“五项修炼”

提高教师专业化水平，必须历经意愿、锤炼、学习、创新和收获“五项修炼”。

[诠释]

①意愿。作为一名教师，到底自己愿不愿意当教师？首先要对教师的职业有一个清楚的认识，有了热爱教师职业这个意愿才能不断成长。

②锤炼。只要是教师，不管是新教师还是老教师，都会遇到成长中的问题：老教师要警惕定式思维，觉得“我已经成功了，我就这么教了”，这种定式思维要警惕也要锤炼；新教师特别是年轻教师更要有锤炼的过程，包括遇到问题要反思、要思考，不经历锤炼，是不可能提高专业水平的。

③学习。教师遇到问题怎么办？要学习，包括学习教育理论，学习教学方法，学习老教师的经验。作为一名教师，更重要的是要用人格魅力影响学生。教师的人格魅力从哪里来？从学习中来，提高自己的人文素养，培养自己的高尚人格，要写好“道德”这篇大文章。

④创新。教师不管是在教学的改革中，还是在陪伴学生一起成长的过程中，都要有创新的思维、创新的能力和创新的方法。

⑤收获。有了前四项修炼，教师教学和育人的质量就会大大提高；看到学生成长了，教学质量提高了，教师也会感到身心愉快，就会达到人生的幸福境界。

200. 教师“六心”

用心教书，爱心育人，专心教研，潜心学习，热心管理，诚心合作。

［诠释］

①用心教书，就是全心全意备好每一节课，一心一意上好每一节课，实心实意辅导好每一个学生。

②爱心育人，是教师的神圣责任。作为一名合格的教师，必须要爱心育人，耐心塑人。

③专心教研，即积极参加教育教学研究，勤于笔耕，著书立说。

④潜心学习，包括向书本学习，向专家学习，向同行学习，向学生学习等。

⑤热心管理，是指兼职管理工作的教师（如学校各处室主任、教研组长、备课组长、班主任等），要努力做好自己管理范围内的工作。

⑥诚心合作，包括教师与教师之间、教师与学生之间、教师与社会之间的合作，特别是同头课教师之间、班主任同各科任教师之间更要诚心合作，以形成教育教学效率的最佳合力。

后 记

继《班主任智慧 200 则》《学习智慧 200 则》面世之后，很高兴《教学智慧 200 则》又与广大读者见面了。该书在撰写过程中，参考了叶澜、顾明远、朱永新、崔允漷、郑金洲、王菘舟、韩江水等全国著名教授、专家的教育理论观点，借鉴了魏书生、李镇西、贾志敏、靳家彦、程红兵、孟繁伟等全国著名特级教师的教育教学思想，援引了《教学与研究》《课程·教材·教法》《教学与管理》等全国教育类权威期刊的一些教学案例，查阅了网上的一些相关文献资料。在付梓之际，对上述资源的提供者和有关专家表示衷心的感谢！同时，向为本书成书提供支持和帮助的三门峡市第一高级中学的雷建卢、余署敏、赵国政、李廷好、王海峰、马长安、叶社伟、张文娟、陈毅勇、谭广军、张帅伟、梁海等领导及政治、语文教研组的同人致以由衷的谢意！

全国模范教师、全国优秀班主任、特级教师、河北衡水中学校长郗会锁应邀为本书作序；全国五一劳动奖章、2012 年全国思想品德·思想政治优质课大赛特等奖获得者张文娟老师为本书提出了非常有价值的建议。在此谨奉真挚的谢忱！

《教学智慧 200 则》中有前后重复出现的内容，这是为了更好地阐述相关“智慧”的需要。一方面，由于书中的每则“智慧”都是独立成篇的，为了尽可能保持每则“智慧”的完整性，其所述内容难免有交叉之处；另一方面，由于书中的不少“智慧”是从不同角度阐释同一个问题，为了尽可能把每个问题分析透彻，其所述文字难免有重复之处，故请各位读者理解。

中小学教师教学智慧是一个综合性强、涉及面广、理论性强的课题。由于笔者水平有限，认识肤浅，书中难免存在有这样或那样的不足和缺失，敬请广大教师批评指正。

高宏群

2019年10月19日